시대적 흐름은 먼저
읽어야 부를 거머쥔다!
안유화

비트코인은 중요한 것입니다.
오태민

늘 더 좋은 오늘!
김영익

계속 도전하시오.
vincent.

국민주거안정! 국가의 미래입니다!
한 문정 서장

민주적 자본주의를
말하겠습니다.
기자 홍사훈

한국 경제
긴급 진단

이메일 vegabooks@naver.com   홈페이지 www.vegabooks.co.kr
블로그 http://blog.naver.com/vegabooks
인스타그램 @vegabooks   페이스북 @VegaBooksCo

E M E R G E N C Y

한국 경제
긴급 진단

홍반장이 묻고 6인의 전문가가 답하는 한국의 미래

안유화 오태민 김영익 최배근 빈센트 한문도 홍사훈

베가북스
VegaBooks

전 세계가 위기의 절벽 앞에 서 있습니다. 경제적으로는 말할 것도 없거니와 지정학적인 위기 역시 이미 전쟁으로 이어진 곳도 있고, 수위가 점점 높아지는 곳도 여러 곳 보입니다. 미국과 중국의 패권전쟁에 동북아시아가 최전방이 돼버렸습니다. 한국과 일본, 대만이 패권전쟁에 참전할지 말지 여부가 경제적인 이해보다 정치적인 이해에 따라 정해지고 있습니다. 정치와 경제가 별개가 아니라는 사실을 여실히 보여주고 있는 것입니다.

정치가 경제의 발목을 잡는 상황은 국내에서 더 극명하게 나타나고 있습니다. 2022년 10월, 김진태 강원도지사의 발언으로 촉발된 레고랜드 사태, 그리고 2023년 11월 정부가 군사작전 하듯 갑자기 발표한 공매도 전면 금지 모두 정치가 경제를 흔든 대표적 케이스입니다.

정작 진짜 위기는 지금부터 시작인 것 같아 걱정이 큽니다. 거의 모든 경제학자와 분석가들이 다가올 한국 경제 위기의 뇌관은 부동산에 몰빵한 가계 부채가 될 것이라 말합니다. 초저금리, 이지머니(easy money)의 시대에 전 세계에 풀린 돈이 자산 가격을 한껏 부풀렸고 한국 역시 집값 폭등을 불러온 탓입니다. 아파트 벽면에 미국의 연방준비제도이사회가 발행한 달러가 덕지덕지 발려 있다고 표현해도 과언이 아닙니다.

부작용이 없을 것으로 믿었던 이지머니의 역습이 시작되었습니다. 40여 년간 잠자던 인플레이션이라는 용이 깨어난 것입니다. 무차별적으로 달러를 찍어내며 호황을 누리던 미국과 싼값에 소비재와 생필품을 공급하며 인플레이션을 막아주던 중국의 사이가 멀어진 탓이 큽니다. 미·중의 패권전쟁으로 공급망 차질이 불가피해지며 더 이상 월마트에서 싼값에 물건을 살 수 없게 됐고, 물가는 거침없이 오르기 시작했습니다. 고금리 시대의 포문이 열린 것입니다.

인플레이션과 고금리가 태평양을 건너 한국에도 상륙했습니다. 하늘 높은 줄 모르고 오르던 집값이 하락하자 한국 경제가 휘청이기 시작했습니다. 그러자 기다렸다는 듯이 정치가 등장했습니다. 정부가 특례보금자리론이란 이름의 정책금융지원자금 40조 원을 시장에 푼 것입니다. 우리나라 1년 예산의 6%가 넘는 돈을 시중은행보다 싼 이자로 대출해줄 테니 이참에 빚내 집을 사라고 정부가 부추기고 있는 것입니다.

이런 와중에 윤석열 대통령이 공적 책무를 언급하며 은행들의 이자 장사를 비판하자 발맞춰 검사 출신인 이복현 금융감독원장이 상생 금융이란 명분을 들고 시중은행들을 차례차례 방문했습니다. 손목이 비틀린 시중은행들은 대출 금리를 낮출 수밖에 없었고, 줄어들던 가계 부채가 이때부터 다시 급증하기 시작했습니다. 당연히 대부분 주택담보대출이있습니다. 정부의 정책 덕분(?)에 추락하던 집값이 다시 날개를 단 것입니다.

그 결과 얼어붙은 부동산 PF에 벌써 쓰러졌어야 할 시행사들이 죽고 싶어도 죽지 못하는 좀비 신세가 됐습니다. 땅값이 한창 비쌀 때 땅을 사들인 부동산 시행사와 건설사들은 수익을 내려면 분양가를 높게 책정해야 합니다. 그러나 2, 3년 전까지야 비싸도 팔렸지만, 미분양 우려가 높은 지금 PF 대출을 해줄 금융기관이 어디 있겠습니까? PF 대출이 멈추면 사업장은 파산하고 땅은 경매를 통해 싼값에 시장에 나오게 됩니다. 그러면 땅을 싼값에 매입한 또 다른 시행사가 분양이 될 만한 적정 가격에 분양가를 책정하게 되고, 이렇게 해서 사업성이 확보되면 금융기관들의 PF 대출이 들어오게 됩니다. 집값도 시장 상황에 맞게 내려가게 됩니다. 이게 시장이 돌아가는 원리입니다.

그러나 정부는 반대로 움직였습니다. 자금 여력이 있는 대형 시중은행들로 대주단을 꾸려 부동산 시행사들이 땅을 구입하는 데 빌린 초기 자금인 브릿지론의 만기 상환을 연장시키고, 이자까지도 은행에서 PF 대출이 나오면 그때 내도록 유예시킨 것입니다. 유례가 없는 조치인데, 이자도 못 내고 있는 시행사들에게 부도는 일단 막아줄 테니 좀비 상태로 버티라는 뜻입니다. 게다가 공적 보증기관인 주택도시보증공사와 주택금융공사가 해주던 PF 대출 보증도 15조 원에서 25조 원으로 대폭 늘렸습니다. 정부가 보증해줄 테니 금융기관들이 부동산 사업장에 적극적으로 PF 대출을 해주라는 의미입니다. 만약 이 돈을 떼이면? 당연히 모두 세금으로 메꿔야 합니다.

정부가 무리수를 두며 집값을 떠받치는 이유는 무엇일까? 조금만 버티면 미국이 곧 금리 인하로 돌아서지 않을까 하는, 그럼 모든 문제를 한 방에 해결할 수 있다는 기대와 희망이 있었던 것으로 보입니다. 월가에서 2023년 여름이 오기 전 미국이 고금리를 못 견디고 결국 금리 인하로 돌아설 것이란 전망이 계속 나온 것도 한국 정부의 무모함을 북돋운 데 일조하지 않았나 싶습니다.

그러나 여름이 지나고 가을도 지나 겨울 문턱에 들어섰지만, 고금리는 요지부동입니다. 이제 와서 보면 월가의 전망 역시 분석이라기보단 저금리, 이지머니 시대를 그리워하는 기대와 희망이 아니었나 생각됩니다. 월가의 기대와 달리, 그리고 한국 정부의 희망과 달리, 미국의 고금리는 훨씬 더 오래 이어질 것으로 보입니다. 기준금리를 더 올리지만 않아도 다행이란 얘기까지 나오는 상황입니다. 문제는 부풀어 오를 대로 부푼 한국의 가계 부채와 부동산 거품입니다. 시장 상황에 역행해 정치가 주도한 경제는 이제 대가를 기다리고 있습니다.

사회 생활의 거의 전부를 KBS에서 취재기자로 일하며 제가 철칙으로 삼은 것 중의 하나가 숫자를 믿고, 숫자를 따라가면서 취재하라는 겁니다. 그래야 취재와 보도에 사고가 생기지 않기 때문입니다. 사람은 누구나 거짓말하게 돼 있습니다. 자신이 처한 위치나 상황에 따라 거짓을 진실로 믿는 인지 부조화 상태의 경우도 여러 번 경험한 탓에 믿을 것은 숫자밖에 없다는 확신이 생긴 것입니다.

지난 3년 가까이 '홍사훈의 경제쇼'를 진행하면서 경제와 관련된 숫자들을 보는 눈이 조금이나마 트였습니다. 그 숫자들이 유기적으로 연결돼 있고, 심지어 태평양과 대서양 건너편에 있는 숫자들과도 연동돼 있다는 사실에 감탄한 적이 참 많았습니다. 그렇게 제가 보고 따라간 숫자들이 그려내는 한국 경제의 방정식은 위기를 말하고 있습니다. 물론 제가 잘못 판단한 것일지도 모릅니다.

　다양한 판단과 다른 생각들이 한국 사회와 한국 경제를 더욱 튼튼하게 만드는 힘이라 굳게 믿는 만큼 2022년에 이어 2023년에도 '홍사훈의 경제쇼'에서 방송한 여섯 분 주요 경제 전문가들의 다양한 의견을 『한국 경제 긴급 진단』에 담아냈습니다.

　자신만의 데이터 분석으로 무장한 김영익 교수의 거시 경제 분석, 늘 저를 혼내지만 이상하게 빠져드는 안유화 교수의 중국 경제 분석, 기재부에서 매우 싫어할 것 같은(ㅎㅎ) 최배근 교수의 한국 경제 위기 분석과 앞으로 경험하지 못한 집값이 올 거라는 한문도 교수와 미국 경제에 관한 빅데이터를 통해 한·중·일 경제를 전망하는 김두언 교수, 그리고 오태민 교수의 흥미로운 비트코인 이야기까지 한 권의 책으로 담아내려 노력했습니다. 여섯 분 과외 선생님들의 강의에 제가 탄복했듯이 독자 여러분도 경제와 관련된 숫자들을 보고 해석할 수 있는 눈이 생기기를 기대해 봅니다.

　이 책이 독자 여러분을 부자로 만들어주지는 못합니다. 그건 가능하지도 않은 일일뿐더러 '홍사훈의 경제쇼'가 목적한 바도 아닙니다. 다만 경제와 정의를 다 잡자는 경제쇼의 슬로건처럼 한국 사회가 좀 더 정의롭고 사람의 얼굴을 한 자본주의가 되는 데 이 책이 조금이나마 도움이 되기를 바랍니다.

2023년 12월

홍사훈

안유화

중국은 쓰러지지 않는다

세계의 공장, 중국에 불어닥친 경기 침체

러시아·우크라이나 전쟁부터 아프리카 내전, 최근의 이스라엘과 팔레스타인 분쟁 등등 전 세계적으로 지정학적 위기가 갈수록 늘고 있다. 다양한 원인이 있겠지만, 떨어지는 세계성장률의 측면에서 해석해 볼 수도 있다. 지난 역사를 보면 파이가 클 때, 즉 경제가 좋을 때는 전쟁이 잘 일어나지 않았다. 잘 먹고 배부르니 굳이 남의 것을 탐낼 이유가 없었기 때문이다. 그러나 내가 먹을 파이가 갈수록 작아지면서 문제가 불거지는 법. 이처럼 한 국가의 정치, 경제를 비롯한 현황을 정확히 파악하기 위해서는 변화하는 세계의 흐름부터 제대로 살필 수 있어야 한다.

중국 경제만 좋지 않은 게 아니다. 선진국, 이머징 국가 구분할 것 없이 성장률이 점점 떨어지고 있다. 악화한 중국의 경기 역시 세계 경제의 흐름과 연관돼 있는데, '생산요소(토지, 노동, 자본, 기술) 투입형 발전 모델'의 효용이 다하고 있기 때문이다. 특히 중국은 그중에서도 가장 대표적인 생산요소 투입형 경제였다.

영국에서 산업혁명이 시작된 후 독일, 프랑스, 미국을 비롯한 서구를

▶ **중국 경제성장률 추이**   (단위: %)

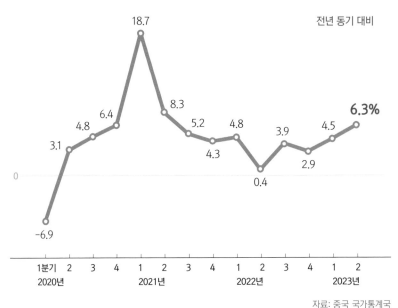

자료: 중국 국가통계국

시작으로 아시아의 일본이, 그리고 한국과 중국이 큰 발전을 할 수 있었던 세계적인 흐름에는 생산요소를 투입해 발전한 경제라는 공통점이 있다. 해가 지지 않는 나라로 세계를 호령했던 영국을 비롯해 제국주의 열강들이 끊임없이 식민지를 늘리려 했던 까닭이 바로 생산요소 차원에서 새로운 공급원, 새로운 노동력을 찾기 위해서였다. 영국을 예로 들면 인구 5천만 명의 노동력이 생산하던 GDP와 식민지의 노동력을 다 합쳐 생산하는 GDP는 다를 수밖에 없다. 즉, 영국이 세계의 패권 국가가 된 1차적 요인은 엄청난 노동력과 시장을 거머쥐었기 때문이다.

문제는 생산요소 투입형 경제는 '단위당 생산 효율성이 점점 떨어진다'는 점이다. 예를 들면 미국 역시 베이비붐 시대를 맞아 70년대, 80년대 노동력이 급격하게 늘어나며, 여기에 자본, 기술, 생산요소가 더해지면서 경제가 활황을 구가했다. 1981년도에 1달러 부채로 일으킬 수 있는 GDP가 32달러일 정도로 엄청난 성장률을 보인 것이다.

그러나 경제가 발전하면 임금부터 시작해서 모든 재화의 가격이 오른다는 것. 2020년대 들어 미국 경제가 1달러 부채로 만들어낼 수 있는 생산 가치는 7달러로 떨어졌다. 1/4로 효율성이 반의반 토막이 난 것이다.

이처럼 떨어진 수익성을 높이기 위해 기업들은 좀 더 저렴하게 생산할 수 있는 공장을 찾아 해외로 눈을 돌릴 수밖에 없는데, 과거 미국이 주목한 곳이 바로 일본이었다. 덕분에 미국의 선진 자본과 최첨단 기술이 넘어가며 일본 경제가 급속도로 발전하기 시작한 것이다. 뒤이어 순차적으로 한국의 저렴한 노동력과 결합해 한강의 기적이 만들어졌고, 그

다음에는 죽의 장막에 가려져 있던 중국이 세계 경제에 포함되며 '세계의 공장'이라 불릴 정도로 저렴하게 제품을 만들어내게 되었다.

결국 '생산요소 투입형 경제', 즉 자본과 기술이 저개발 국가의 노동력을 찾아 이동하면서 세계 경제가 만들어지고 확대되며, 역사상 유례가 없을 정도로 풍족한 세상에서 모두가 잘 먹고 잘살게 되었던 것이다. 이게 바로 '세계화'의 실체가 아니겠는가.

중국 경제로 돌아가자. 중국이 기록적인 발전을 거듭할 수 있었던 것 역시 생산요소 투입형 경제에 최적화되었기 때문이다. 14억 인구라는 세계 최대의 노동요소와 9억 6천만 헥타르의 광대한 토지요소에 미국을 비롯한 선진국의 기업들이 최신 기술과 자본을 투입함으로써 중국은 폭발적으로 성장하기 시작한 것이다.

그러나 '세계의 공장'이라 불리던 중국도 생산요소 한계 법칙에서 벗어나지는 못했다. 매년 10% 넘게 상승하던 경제성장률이 계속 떨어져 지금은 5%대를 기록하고 있다. 정리하면, 성장률이 떨어지는 것은 중국만의 문제가 아닌 전 세계 공통 현상으로 봐야 한다.

부동산 위기를 체질 개선의
기회로 삼는 중국

중국은 노동력과 토지에 외국의 기술과 자본을 투입해 성장한 조방형(양적) 경제라는 구조적 문제로 성장률이 떨어지는 단계에 접어들고 있다고 했다. 그렇다면 좀 더 구체적으로 중국 경제에 어떤 문제들이 있는 걸까? 우선 살펴볼 게 바로 중국의 고질적인 '부동산' 문제다.

홍사훈 : 2022년 헝다, 올해는 완다에 이어 비구이위안까지 중국 부동산 시장의 위기가 줄어들기는커녕 커지는 모습이다.

헝다, 완다, 비구이위안 모두 중국 국민이라면 모르는 사람이 없는

5대 부동산 그룹에 속하는 대기업이다. 그렇다고 중국 부동산 문제가 단순히 헝다와 완다, 비구이위안에 국한되는 건 아니다. 앞으로 중국 부동산 시장에 큰 구조조정이 발생할 가능성이 큰데, 이는 중국 국민의 생활 수준과 관련돼 있기 때문이다.

중국은 1992년 사회주의 시장경제를 도입한 뒤로 민간 자본의 사기업들이 태동하며 생산성이 폭발하기 시작했다. 그러나 이런 생산성 증대는 1998년 생산 과잉 문제를 불러오게 된다. 한국이 외환위기를 겪었다면 중국도 4대 은행 모두 파산 위기를 맞을 정도의 위기를 겪었는데, 주룽지 총리가 국영자산관리공사AMC*를 만들어 부실채권 정리로 은행을 살리면서 연착륙을 할 수 있었다.

처음으로 자본주의 경제 요소를 도입해 급격한 생산 증대와 경제 발전을 경험하던 중국은 생산 과잉에 부딪히며 한순간 엄청난 경제 쇼크에 빠졌다. 보통 과잉 재고가 GDP의 50%라면 굉장히 높은 수준인데, 당시 중국은 70%가 넘을 정도였으니 엄청나게 심각한 수준이었다.

당시 물건이 팔리지 않고 경제가 멈추자 중국 정부는 두 가지 해결 방안을 생각해낸다. 생산 과잉이란 말 그대로 물건을 생산하는데 팔리지 않는 것이니, 소비자가 지갑을 열고 물건을 사도록 유도하는 방법을 시행

---

*   AMCasset management corporations: 중국 정부는 금융 시스템의 경쟁력을 강화하기 위해 AMC를 설립하고, 중국의 4대 국유 상업은행이 1995년 3월 이전에 발행한 모든 부실채권을 장부가로 인수했다. - 네이버 지식백과

한 것이다.

첫 번째 방법은 '도시화'였다. 현재 중국의 도시화 수준은 63%~64% 정도인데, 1998년의 도시화 수준은 굉장히 낮았다. 정부는 도로를 건설하는 등 인프라 투자를 확대해 농촌 인구를 도시 경제권에서 생활하도록 적극적으로 유도했다. 물건을 살 사람을 늘리는 방법을 취한 것이다. 그리고 이런 도시화 과정에서 토지 가격이 올라가기 시작한다. 당시 중국엔 부동산 시장 자체가 없었다. 기업에 취직하면 복지 혜택으로 부동산을 주는 식일 뿐, 개인이 부동산을 살 이유도 필요도 없었다. 그런데 1998년부터 정부가 도시화를 추진하면서 부동산 시장을 민간에게 개방했다. 과거에는 그냥 주어졌다면 이제는 정부와 회사에서 보조금을 주고 스스로 해결하는 방식으로 바뀌게 된 것이다. 그러자 농촌의 인력들이 일거리를 찾아 도시로 밀려들며 도시화가 급격히 진행되었고, 집을 사기 시작했다. 자연스럽게 부동산 시장이 활기를 띠게 된 것이다.

1993년 내가 옌벤대학에서 강사로 일하며 받은 첫 월급이 400위안(한화 약 5만 원)이 채 안 됐다. 1998년에도 800위안 정도를 받았으니, 나처럼 대부분의 봉급 생활자들은 적은 월급 탓에 돈을 모아 집을 사는 것은 힘든 일이었다. 그러나 시장경제에는 은행 대출이라는 마법이 존재했다. 어떻게 되었겠는가? 빚을 내 집을 샀더니, 빚쟁이는커녕 껑충껑충 뛰는 집값에 부자가 됐다. 부동산 가격이 하루가 멀다고 뛰니 대출 이자를 갚고도 수익이 엄청났던 것이다. 당연히 부동산(집)을 사면 부자가 되고 성공한다는 의식이 머릿속에 박히기 시작한 중국인들은 너도나도 부동산을 사기 시작했다. 돈이 부족해도 은행 대출을 받아 수십 수백 채씩 아파트를 사고팔며 하루아침에 부자가 되는 현상이 1998년부터 2007년까지 쭉 이어진 것이다.

물론 부동산이 폭락한 시기도 있지만, 그 역시 잠시뿐이었다. 예를 들어 북경의 부동산은 2000년부터 2007년, 2008년까지 쭉쭉 가격이 올라가다가 금융위기가 터지며 한꺼번에 급락하기도 했다. 하지만 경기 침체를 우려한 중국 정부가 2014년 적극적으로 부동산 시장 부양정책을 실행했고, 이에 힘입어 2016년 북경 부동산 가격은 다시 100%씩 뛰었다. 한국과 마찬가지로 중국 역시 부동산은 절대 떨어지지 않는다는 '부동산 불패 신화'가 만들어지기 시작한 것이다.

이처럼 생산 과잉 문제를 중국은 '도시화'라는 국내 수요 촉진으로 해결하려 했고, 실제로 큰 성공을 거두었기에, 지금까지 계속 이어졌다. 하지만 문제가 있다. 인프라 확충은 땅을 소유한 지방정부의 몫인데, 정작 지방정부에는 충분한 예산도 없고, 은행에서 대출을 받을 수도 없다. 결국, 지방정부가 생각해낸 것이 국유기업을 만들어 자금을 확보하고 그 땅을 양도하거나 대여하는 방식이었다. 그렇게 자금이 풍부한 대기업을 끌어들여 도시화를 진행했고, 부동산 가격은 계속 올라갈 수 있었다.

그런데 부동산 수익률이 너무 높아지며 부작용도 커지기 시작했다. 예를 들어 부동산과 관련 없는 의류나 요식업을 하던 상장기업들도 직원 월급이 계속 올라 본업 마진율이 갈수록 떨어지자, 수익률이 좋은 부동산 사업에 손을 대기 시작한 것이다. 전력, 전자 등 몇몇 산업을 제외하면, 중국의 모든 산업과 부동산의 상관계수가 20%부터 많게는 60%를 기록할 정도였다. 부동산 사업에 손을 안 댄 상장기업이 없었다는 얘기다. 그렇게 도시화와 지방정부의 계획이 맞물리며 부동산 시장이 폭발적으로 성장할 수 있었다.

다음으로 공급 과잉을 해결하기 위해 중국 정부가 시행한 두 번째 방안이 '해외 수출'이었다. 중국에서 생산한 물건을 중국에서만 팔 게 아니라, 외국에도 내다 팔자는 수출 주도 모형이 이때부터 만들어진 것이다. 이로 인해 2001년 중국이 마침내 WTOWorld Trade Organization(세계무역기구)에 가입했다. 우리는 1998년 주택시장 개방, 2001년 WTO 가입이라는 두 흐름에 주목해야 한다. 2001년 WTO 가입으로 전 세계 무역망에 참여하면서, 드디어 중국 경제가 부동산 시장의 성장과 수출 주도형 경제라는 두 축으로 고속 성장의 발판을 마련한 것이다!

> **홍사훈 : 내수와 수출로 과잉 생산 문제를 해결했는데, 왜 지금의 문제가 생긴 것인가?**

내수와 수출로 과잉 생산 문제가 해결되며 중국 경제는 엄청나게 성장하기 시작했다. 마윈의 알리바바가 계속 적자를 내다가 2005년부터 빠르게 성장한 것처럼 중국의 부자는 모두 그때 만들어졌다고 해도 과언이 아니다. 그런데 두 자릿수 성장률을 기록하던 중국 경제가 2008년 글로벌 금융위기로 다시 한번 엄청난 충격을 받게 된다. 유럽의 재정위기와 미국 금융위기가 겹치며 중국 경제를 견인하던 수출이 급감한 것이다.

중국 정부의 해결책은 또다시 인프라 건설이었다. 중국은 중앙정부에서 4조 위안, 그리고 지방정부에서 매칭 펀드matching fund*로 마련한 자금을 합쳐 무려 8조 위안이 넘는 돈을 시장에 풀었다. 중국의 광활한 국토를 촘촘히 이을 기세로 고속도로를 깔고, 내륙철도를 잇고, 공항과 항구를 지었다. 침체한 경기를 건설·부동산업으로 부양한 것이다. 이런 적극적인 대응으로 부동산 경기가 경제 전체를 끌어올릴 수 있었고, 그 결과 중국 GDP의 30%가 부동산 관련으로 채워지게 됐다.

개인적으로는 당시 중국 당국의 정책에 아쉬움이 남을 수밖에 없다. 인간의 욕망을 최대한으로 끌어내는 게 자본주의고, 모든 경제 주체들이 자기 이익을 극대화한 결과가 생산 과잉이다. 그리고 생산 과잉은 결국 시장의 실패를 불러오게 된다. 문제는 이 상태를 정부가 그대로 놔두면 시장이 자체적으로 회복하는 데 많은 시간이 걸린다는 점이다. 수익을 못 내는 기업은 뼈를 깎는 고통으로 몸집을 줄이고, 버티지 못하면 파산하게 된다. 그렇게 파산할 곳은 다 파산하고 생산이 적절하게 조절된 뒤에야 경기가 다시 회복 조짐을 보이는 것이다. 그런데 투표로 지도자를 뽑는 민주주의 국가 정부는 경제와 시장이 스스로의 힘으로 조절될 때까지 기다리기 힘들다. 당장 국민에게 열심히 노력하고 있는 모습을 보여줘야 표를 얻을 수 있기 때문이다.

---

*   매칭펀드matching fund: 공동자금 출자, 즉 컨소시엄 형태로 여러 기업이 자금을 공동출자하는 방식. 또 중앙정부가 지방정부와 민간에 예산을 지원할 때 자구 노력에 연계해 자금을 배정하는 방식을 말한다. – 네이버 지식백과

고전주의 경제학과 대척점에 서 있는 케인즈 학파Keynesian economics*의 이론이 바로 그것인데, 대표적으로 경제 대공황을 극복하기 위해 미국 루스벨트 대통령 정부가 시행한 '뉴딜정책'을 예로 들 수 있다. 1932년까지 세계무역의 60%가 감소할 정도로 전 세계가 경기 침체에 고통을 겪던 대공황에서 루스벨트 정부는 은행을 구하기 위해 금본위제를 중단하고, 테네시강 유역 개발 공사로 댐을 만들고, 공원을 조성하고, 길을 만들며 실업자들에게 일자리를 제공했다. 시장이 실패할 때 정부가 정책적으로 수요를 만들어준 것이다.

그러나 시장의 자정 기능을 참지 못한 정부의 적극적인 시장 개입은 결국 또 다른 위기를 불러올 수밖에 없다.

간단히 예를 들어보자. 정부가 인위적으로 만들어낸 수요를 맞추기 위해 기업들은 시설을 확충하게 된다. 기계 1대면 생산 가능했던 수요가 늘어 10대가 필요하게 되는데, 문제는 10대의 기계를 구입할 자금이 없기 때문에 은행의 대출로 진행하게 된다는 점이다. 그러나 어느 국가든 인프라 확충에는 상한선이 있다. 확충이 끝나면 늘어난 10대의 설비는 어떻게 될까? 원래 필요했던 1대만 여전히 돌아갈 뿐, 다시 일감이 줄어들면 9대는 놀게 된다. 그 9대에 붙어 일하던 노동자 역시 실직할 수밖에 없다. 게다가 시설 확충을 위해 은행에서 받은 대출 이자를 갚기도 힘들

---

* 　케인즈 학파Keynesian Economics: 20세기 영국 경제학자 존 메이너드 케인스의 사상에 기초한 경제학 이론이다. 케인스 경제학의 핵심을 간단하게 이야기하면, 공급이 수요보다 많아지면 정부가 개입해 수요를 창출시켜 해결하자는 것이다. – 네이버 지식백과

어지고 다시 파산의 위험에 처하게 된다. 결국 정부의 적극적인 시장 개입은 당면한 위기를 넘길 수는 있어도 경기 후퇴를 늦추는 역할밖에 하지 못한다.

현재 중국 경제가 바로 이 단계라고 할 수 있다. 2008년 금융위기 때도 2020년 코로나 팬데믹 때도 중국은 경기 부양을 위해 거침없이 시장에 돈을 풀었다. 막대한 돈이 풀리며 가수요를 만들어내자, 당장은 경제가 살아나는 것처럼 보였다. 돈을 풀어 수요를 만들 때는 확장된 설비와 확장된 노동력이 경기를 끌어올리기 때문이다. 문제는 수요가 끊어지면 시설은 멈추고 노동자는 실직하게 된다는 것이다. 현재 중국에 세워진 아파트를 모두 소화하는 데 10년~16년이 걸린다고 한다. 쉬운 말로 중국은 미래의 10년을 미리 끌어와 살고 있는 것이다.

문제는 지금부터다. 10대의 설비 중 9대는 놀고 있고, 노동자들은 실직하고, 은행은 대출 이자를 못 내는 기업과 파산한 기업으로 부실해지고 있다. 정부가 시행할 방법이라고는 금리를 낮추며 다시 돈을 푸는 방법밖에 없는데, 과연 이번에도 효과가 있을까? 더는 만들어낼 수요가 없기 때문에, 절대 예전만큼의 효과를 볼 수 없다. 중국에 가보면 농촌까지 이미 도로가 시원하게 뚫려 있다. 지방 도시들에는 빈집이 널려 있다. 이제는 할 수 있는 투자가 별로 없는 것이다.

헝다, 완다, 비구이위안까지 망했어도 벌써 다 망했어야 할 것 같은데, 중국 정부는 부동산을 살릴 수 있다고 생각하는 것인가?

지난 7월 발표한 헝다의 사업보고서를 보면, 2021년~2022년 2년간 당기순손실 규모가 무려 8,120억 위안(약 146조 원)에 달하는 것으로 알려졌다. 2022년 말 기준 헝다의 부채총액은 2조 4,400억 위안(약 439조 원)에 달한다. 그뿐인가, 매년 어마어마한 빚이 계속 쌓이고 있다. 빚은커녕 이자를 갚기도 힘드니 경제학 원리로 보면 파산을 하는 게 맞는 상황이다. 은행에서 대출 연장을 안 해주면 곧바로 파산 확정인데, 문제는 부도의 대미지(충격)가 너무 크다는 것이다.

완다의 상황도 비슷하다. 계열사 지분을 팔아 급한 불을 끄고는 있지만, 국내 채권 해외 채권 할 것 없이 계속 밀려들고 있고, 벌어들이는 돈이 부족하니 부채를 100년까지 연장해주지 않으면 대안이 없다는 말이 나올 정도로 대출 연장밖에 답이 없는 상황인 것이다.

결국, 중국 정부는 침체된 경기를 살리기 위해서라도 부동산이 이대로 무너지는 것을 손 놓고 구경만 하지는 못할 것이다. 실제로 중국은행 초청으로 관계자들과 만나 이야기해보면, 각론은 다를 수 있어도 부동산이 무너지면 안 된다는 총론에는 모두가 공감했다. 지금 부동산 시장이 무너지면 중국 경제의 경착륙은 예정된 수순이기 때문이다.

이런 인식 때문인지 중국 정부는 2019년 같은 경우 은행에 부동산 대출 자제를 권고한 반면, 지금은 최대한 대출을 부추기는 중이다. 실제로 전 세계가 인플레이션 압력으로 기준금리를 올리고 있는 상황에서, 중국은 대출 이자 부담을 낮춰주려고 거꾸로 금리를 내리고 있다. 부동산 대출 금리를 좀 더 낮춰 집을 살 수 있는 수요를 끌어들이는 부동산 부양책을 시행하고 있는 것이다. 특히 집값이 너무 올라 집을 살 엄두를 못 내는 젊은이들을 위해 임대주택 사업을 벌이고, 기존 대출 만기 상환을 연장해주고, 이자 부담을 줄여주는 등 다양한 정책으로 적어도 내년까지는 어떻게든 부동산 시장을 지탱하기 위해 안간힘을 쓰고 있는 모습이다.

▶ **거꾸로 가는 G2 기준금리** (단위: %)

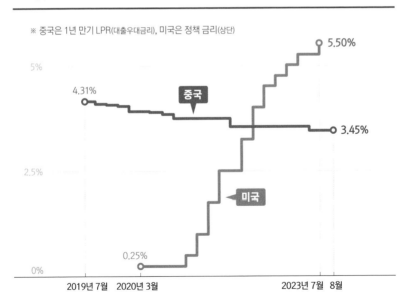

※ 중국은 1년 만기 LPR(대출우대금리), 미국은 정책 금리(상단)

자료: 인민은행·연방준비제도

다른 한편으로 현재 전 세계 국가들이 대부분 금리를 인상하는데도 중국만 계속 인하하고 있는 이유 중의 하나는 미래 주도산업에 대한 투자를 원활하게 하려는 목적이다. 그동안 중국 발전을 주도하며 대표선수로 자리 잡았던 건설·부동산업의 의존도를 줄이면서, 동시에 새로운 대표 산업으로 교체하려는 요량인 것이다. 다행히 전기자동차, 신재생에너지 같은 시장이 빠르게 성장하는 모습을 보여주고 있다. 특히 전기자동차는 부동산처럼 산업의 밸류 체인이 넓다는 장점을 지니고 있다. 전기자동차를 끌어 올리면 방대한 관련 산업이 함께 발전할 수 있는 것이다.

이러한 중국 정부의 전략은 성공할 수 있을까? 중국 경제의 대표선수 교체 작업이 제대로 이루어질지 아직은 정확하게 결론 내리기가 힘들다.

미·중 갈등, 미국의 고립 전략은 실패할 수밖에 없다

현재 중국은 경기만 침체하고 있는 게 아니다. 기술·무역·금융·군사 등 전 분야에서 미국과 패권 경쟁까지 벌이고 있다.

> **홍사훈 :** **미국과 중국의 갈등이 계속되고 있다. 미국의 셈법은 무엇인가?**

미국과 중국의 관계는 당분간은 크게 달라질 게 없을 것 같다. 특히 미국이 중국에 대한 최첨단 기술 봉쇄를 한층 강화하는 상황이다. 미 국방부 자문이 쓴 책을 보면, 앞으로의 6년을 'Danger Zone(위험 구간)'이라고 표현한다. 미국 상층부는 시진핑 지도부가 대만 수복을 포기하지 않고 있으며, 그 결과 동북아시아가 전쟁의 위기에 빠져들고 있다고 생각하는 것이다.

그럼에도 불구하고 나는 미국과 중국의 현재 상태에 대해 '양전兩戰'이란 표현을 자주 사용한다. 냉전冷戰, cold war은 무력 대신 경제, 외교, 정보 등을 수단으로 하는 전쟁이다. 그 반대의 개념이 무력을 사용하는 전쟁, 즉 열전熱戰이다. 그렇다면 내가 말하는 양전이란 어떤 관계를 의미할까? 한마디로 냉전도 열전도 아닌, '공존'과 '경쟁'이 동시에 진행되는 관계를 말한다.

중요한 점은 경쟁은 상대방을 죽이는 개념이 아니라는 것이다. 미국은 무력에 의한 전쟁은 최대한 피하면서 경쟁을 통해 중국보다 우위를 점하겠다는 견해를 취하고 있다고 판단된다. 즉, 중국 봉쇄라는 본질에는 변함없지만, 극단으로 치닫기에는 양국 간에 필요한 부분이 있으므로 공존과 경쟁을 통해 중국을 확실히 따돌리겠다는 심산으로 보인다. 따라서 강경 일변도의 '강대강' 전략보다는 양전이란 표현처럼 정치 피로도에 따라 긴장과 완화를 반복할 가능성이 크다.

트럼프 정권 때는 중국과 일전불사를 외쳤지만, 미국의 의도대로 잘 안 됐다. 트럼프의 실패를 되풀이하지 않기 위해 바이든 정권이 선택한 것이 바로 한국, 일본, 호주를 비롯한 동맹국까지 끌어들여 중국을 봉쇄하는 전략이다. 이 역시 처음에는 '돌격 앞으로'를 외쳤는데, 최근에는 약간 뒤로 빠지는 모양새를 보이고 있다. 중국과의 관계를 디커플링decoupling*이 아니라 디리스킹derisking**, 즉 갈등이 아닌 경쟁 관계로 순화하고 있는 것이다. 왜일까?

먼저 미국의 경제 상황을 봐야 한다. 신용카드 사용률을 비롯해 각종 소비 신용지표의 부실률이 높아지고 있다. 일자리를 구하는 것도 점점 어려워지고 있다. 실업률이 괜찮다는 발표가 자주 나오지만, 과연 정확한 통계인지 의심스럽다. 취업을 포기한 사람들은 실업률 통계에도 포함되지 않기 때문이다. 올 초부터 중소은행 파산 소식도 들려오고 있는데, 이는 작은 스타트업들이 줄지어 파산하고 있다는 뜻이다. 실제로 미국에 가보면 오피스 빌딩의 공실률이 상당하다. 경기를 이끌어가는 소비와 투자 모두 갈수록 좋지 않은 방향으로 흐르고 있다는 얘기다.

따라서 여전히 가성비 좋은 중국과의 무역을 계속 유지하는 게 미국에도 도움이 된다고 판단하고 있는 것 같다. 물론 수치만 놓고 보면 중국의 대미 수출이 10% 정도 줄어든 게 사실이다. 가성비를 무기로 중국이 미국으로 수출하던 제품의 공급처 상당수가 베트남, 인도네시아 같은 동남아로 바뀌고 있는 것이다. 그러나 자세히 보면 그런 수출업체의 상당

---

* 디커플링decoupling : 농소화coupling의 반대 개념으로 한 나라 또는 일성 국가의 경세가 인접한 다른 국가나 보편적인 세계 경제의 흐름과 달리 독자적인 경제 흐름을 보이는 현상을 뜻한다. – 네이버 지식백과

** 디리스킹derisking : 원래는 금융기관이 위험 관리를 위해 선제적으로 거래를 제한하는 방침을 일컫는 용어였지만, 최근에는 국제정치 분야로 확대돼, 특정 국가에 대한 과도한 경제적 의존도를 낮춰 향후 일어날 수 있는 위험을 줄여 나가는 전략을 의미한다. – 네이버 지식백과

수는 중국 기업이나 마찬가지다. 제품 레이블은 바뀌었지만, 기업 오너부터 시작해 속을 들여다보면 중국 기업인 경우가 많다. 중국 의존도를 줄이려고 하지만 만만치 않은 상황인 것이다.

미국 국채 문제도 큰 부분을 차지하고 있다. 미국은 금융으로 유지되는 나라다. 달러를 계속 찍어내고 주식시장, 채권시장이 계속 돌아가야 한다.

그동안 중국은 자신들이 미국에 수출하는 만큼 미국 국채를 사들였다. 그러나 중국이 현재 보유한 미 국채는 2013년 약 1조 3,000억 달러 대비 40%가량 줄어 8054억 달러(2023년 8월 기준)를 기록하고 있다.

▶ **중국, 미국 국채 보유 규모** (단위: 달러)

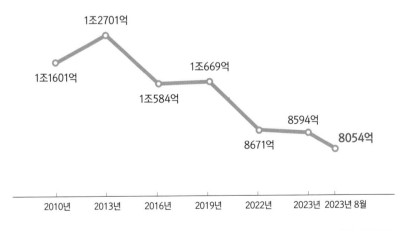

연도	보유 규모
2010년	1조1601억
2013년	1조2701억
2016년	1조584억
2019년	1조669억
2022년	8671억
2023년	8594억
2023년 8월	8054억

자료: 미 재무부

최근 2년~3년 사이에 보유량을 급격하게 줄였는데, 미국 국채 금리가 올라가는 데에는 중국의 국채 매도가 큰 몫을 차지하고 있는 것이다. 따라서 미국은 국채를 팔기 위해서라도 중국이 여전히 필요하다고 할 수 있다.

또 하나 주목해야 할 게 2024년으로 예정된 미국 대통령 선거다. 현지 보도에 따르면 전 대통령인 공화당의 트럼프가 예상 득표율에서 앞서고 있는 것으로 나오고 있다. 게다가 내년 상반기 미국 경제가 어려울 가능성도 크다. 러시아와 OPEC이 미국의 세계 경영에 어깃장을 놓고 있어 원유 가격이 100달러가 넘을 거라는 전망까지 나오고 있다. 인플레이션이 기대만큼 잡히지 않고 있고, 고물가에 고금리는 가계와 기업에 고통을 주고 있다.

'바보야 문제는 경제야'라는 클린턴의 말처럼, 바이든으로서는 발등에 '재선 실패'라는 불이 떨어진 셈이다. 결국, 지금 바이든에게 가장 시급한 것은 중국과의 패권 경쟁이 아니라 당장 경제를 살리는 일인데, 중국과의 관계가 극단으로 치달으면 그마저 여의치 않을 가능성이 크다. 따라서 바이든 정권으로서도 기존의 초강경 자세에서 한발 물러나 중국 변수를 잘 관리해야 할 필요성이 있는 것이다.

홍사훈 : **미국의 고립 정책에 중국의 대응 전략은 어떤가?**

중국으로서도 미국과의 '강대강' 대치는 얻을 것보다 잃을 게 훨씬 더 많다. 따라서 미국과 디리스킹 분위기를 연출하며 관계 개선에 노력하는 한편, 미국의 봉쇄에서 벗어나기 위해 다양한 노력을 기울이고 있다. 여기서는 중국 정부가 원천 기술 확보의 중요성을 절감하고 설립한 '과학기술위원회'에 대해 간략히 알아보자.

알다시피 중국은 지난 30년 동안 기술과 자본을 해외에서 들여와 값싼 노동력을 투입하고 제품을 생산해 전 세계에 수출했다. 국제무역 질서 안에서 제조업 부가가치를 가장 많이 만들어내는 국가가 된 것이다(중국 4조 달러. 미국 2.3조 달러). 이처럼 중국이 세계 G2로 올라선 이유는 내가 늘 강조하듯이 '세계화라는 시대적 운명' 때문이었다.

문제는 G2의 위치에 올라섰음에도 불구하고 돈을 벌고 경제 규모를 키우는 데만 집중해 가장 중요한 원천 기술 확보에 무관심했다는 것이다. 무에서 유를 창조하는 것은 거의 없고, 단지 중국이 잘한 것은 이미 존재하는 유형의 기술에서 파생하는 상품을 만들어내는 응용영역이었다.

그러나 중국이 그동안 별생각 없이 돈을 내고 편리하게 사용했던 반도체를 비롯해 컴퓨터와 인터넷에 사용되는 최첨단 소프트웨어 기술을 제공하던 미국과의 관계가 어긋나며 문제가 터졌다. 세계화의 시대에서 탈세계화, 블록화로 세계 질서가 바뀌고 미국과의 갈등이 첨예해지면서, 중국 스스로 원천 기술을 개발할 수밖에 없는 상황에 내몰리게 된 것이다. 화웨이 같은 중국 기업들이 부랴부랴 원천 기술 개발에 들어가 새로운 시스템을 만들고 있는 것도 미국이 기술 제공을 끊으면 중국은 대응할 마땅한 수단이 없기 때문이다.

중국은 과학기술위원회(디지털국도 신설했다)를 설립해 반도체, AI, 빅데이터 같은 미래 선도형 산업의 원천 기술 확보를 위해 정부 주도로 노력을 기울이고 있다. 과거처럼 미국과 선진국에서 기술을 갖고 오는 방식에서 벗어나 무에서 유를 직접 만들어내 미국 중심의 서방 세계의 압력을 극복하겠다는 것이다.

특히 양회에서 가장 많이 나온 말 가운데 하나가 "왜 중국에서는 챗GPT가 안 나오는 것인가?"라는 질문이었다. 알다시피 AI 기술과 관련해 중국은 미국과 어깨를 나란히 할 만큼 세계 최고를 자랑한다. 관련 특허는 오히려 미국보다도 많고, 관련 기업도 세계 최고 수준이다. 중국 관점에서 더 뼈아픈 사실은 오픈AI의 챗GPT 개발팀에 놀랍게도 칭화대학, 북경대학 출신의 중국인 개발자가 많다는 것이다. 같은 중국인인데, 미국에서는 가능한 것이 왜 중국에서는 불가능한지 중국 정부도, 과학계도, 철지하고 심각하게 반성하고 있다.

한국도 마찬가지 아닌가. 역시 AI 기술을 비롯해 빅테크 관련 기술이라면 세계적인 수준인데도, 왜 챗GPT 같은 아이디어는 안 나올까? 나는 이 문제를 중국뿐만 아니라 한국도 심각하게 고민해야 한다고 생각한다. 이에 대한 대답을 찾는 과정에서 배울 점이 있기 때문인데, 챗GPT 같은 창조적인 아이템이 나오려면 무엇보다 환경이 중요하다. 이 지점에서 중국은 두 가지 문제가 있다.

첫째, 서비스 산업이 약하다는 것이다. 중국은 제품을 따라 만드는 건 세계 어느 국가보다 잘한다. 그러나 관련 소프트웨어를 포함해 소비자들을 대상으로 한 서비스 산업에 관해서는 사업 환경이 아직은 선진국보다 미흡하다. 중국이 제조업 분야에서 서비스업으로, 투자와 성장에서 소비로 산업의 구조를 바꾸려고 노력하는 이유 또한 이 때문이다. 실제로 양회에서도 이와 관련한 서비스 산업을 강화해야 한다는 말이 가장 많이 나왔다.

둘째, 중국의 문화에서 기인한 문제를 빼놓을 수 없다. 표현의 자유 같은 문화적 다양성을 확보하는 데 한계가 있으므로, 그만큼 신선한 시각과 아이디어가 나올 가능성이 작아진다는 뜻이다. 물론 이것은 단지 중국만의 문제가 아닌, 많은 나라가 겪고 있는 문제이긴 하지만.

다양성이란, 그 자체로 엄청난 부가가치를 지니고 있다. 사회가 발전하려면 표현의 자유, 토론의 자유 같은 다양성이 중요하기 때문이다. 이런 다양성의 힘을 깨닫고 활용해 세계 최고가 된 나라가 바로 미국이다. 반면 한국이나 일본 같은 단일 민족 국가에는 사회 전반에 그 민족만의 어떤 평균 가치가 존재한다. 그러나 좋은 점도 있지만, 보편 가치, 평균 가치에서 어긋난 말이나 생각이나 행동을 하면 사회에서 매장당하는 일이 흔히 벌어진다. 나와 다른 목소리를 인정하는 분위기가 부족할 수밖에 없는 것이다.

중국도 한국도 오픈AI 같은 기업이 나오려면 단일성과 획일화된 문
화만으로는 안된다. 민족 불문, 국적 불문, 성별 불문의 다양한 인재들이
함께 어울릴 때 이전에 없던 혁신이 나오는데, 그런 점에서 굉장히 빈약
한 것이다. 중국 정부는 이 점을 반면교사로 삼아 오픈AI 같은 핵심 기업
들이 나올 수 있도록 사회 혁신을 다시 하려고 노력하고 있다.

반도체 지원법,
중국과 한국의 대응 전략은?

미국의 중국 봉쇄 최일선에 CHIPS Act(반도체 지원법)가 자리하고 있다. 오늘날 컴퓨터, 스마트폰, 자동차, 로봇 등등 산업 전반에 걸쳐 최첨단 반도체가 활용되지 않는 곳은 없기 때문이다. 최첨단 반도체 제작 시 꼭 필요한 ASML의 EUV 장비조차 수입이 제한되고 있는 중국은 어떤 전략을 갖고 있을까? 한국은 어떻게 대응하는 것이 최상의 전략일까?

홍사훈 : 미국의 반도체 지원법 가드레일이 마침내 확정됐다.

미국에 투자해 보조금을 받는 반도체 기업의 경우, 중국에서 운용하는 공장의 첨단 반도체 생산 능력을 앞으로 10년간 5%까지만 확장할 수 있다는 것이 주요 내용이다(구형 반도체는 10% 미만). 1년에 5%가 아니라 10년에 5%인데도 불구하고 한국 언론은 선방했다고 이야기하는데, 과연 그럴까? 결론만 말하면 초안대로 간 것뿐이다. 중국 반도체 공장에 55조 원을 투자 중인 삼성전자(메모리반도체 40%)와 SK하이닉스 입장에서는 큰 문제에 직면한 상황이다.

삼성과 하이닉스가 한국 최고의 대기업이라도 미국 상무부를 상대로 제 목소리를 내기는 힘들다. 따라서 한국 정부가 개입해야 했는데, 정확히 어떤 노력을 했는지는 알지 못하지만, 결론적으로 원하는 성과를 내지는 못했다. 한국과 미국의 전통적인 동맹 관계와 미국이 추구하는 대 중국 견제에서 한국이 가장 중요한 전략적 위치라는 점을 고려했을 때, 기대에 못 미치는 결과라 하지 않을 수 없다.

일단, 반도체 지원법으로 한국 기업들만 손해를 보는 것 아니냐는 시선이 있는데, 정확히 말하면 한국 기업들만 손해를 보는 것은 아니다. 미국의 반도체 기업 마이크론 같은 경우도 중국 공장에서 반도체를 생산하는 중이기 때문이다. 미국 반도체 기업들의 수출 물량 절반이 중국으로 가고 있으니 미국 기업에도 불리하게 적용되는 사항임에는 틀림없다.

반도체 지원법의 목적은 명확하다. 최첨단 반도체 기술과 장비 제공을 막아 반도체에 있어서만큼은 중국을 미국에 종속시키겠다는 속셈이다. 이런 목적인 만큼 무리수를 두고 있는 것이다. 반도체산업은 대

규모 장치산업이라 막대한 투자가 전제돼야 경쟁력 확보가 가능한데, 10년에 5% 이상 생산 능력을 확장하지 말라니 결코 정상적인 상황이 아니다. 생산 능력의 5%, 10%를 대체 어떻게 일률적으로 정할 수 있다는 말인가? 시장 상황에 따라 5%를 늘릴 수도 있고, 10% 늘릴 수도 있어야 하는 게 당연한 것 아닌가? 세계 최고 최대의 자본주의 국가인 미국이 오히려 과거의 중국처럼 일일이 기업의 경영 활동에 간섭하는 것은 분명히 시장 원리에 배치되는 중대한 모순이 아닐 수 없다.

누군가는 미국에 공장을 지으면 보조금을 준다니 고마운 것 아니냐고 반문할 수도 있다. 그러나 한두 푼도 아니고 미국에 몇조 원씩 투자해야 한다니, 미국의 일자리만 늘어나고, 미국의 세수만 확대되는 일이다. 미국이 고마워해야 할 일이라는 것이다.

그나마 성과라고 자랑스럽게 보도하고 있는 것이 10만 불 이상의 중요한 거래 제한을 없앤 것이라고 하는데, 이 역시 한국의 사정을 고려했다기보다 미국의 인텔이나 퀄컴 같은 반도체 기업들을 위한 일부 수정으로 보인다. 미국과 중국이 기술 패권 전쟁을 벌이며 가장 힘들어하는 곳들은 사실상 미국의 반도체 기업들이다. 실제로 이들이 미국 정가에 엄청난 로비를 벌인 것으로 알고 있는데, 이런 노력이 반영된 것 같다.

알다시피 나는 사회주의 국가인 중국에서 자라고 공부한 학자지만, 그럼에도 누구보다도 시장주의자 입장에서 정부의 역할은 최소한으로 해야 한다고 늘 주장하고 있다. 코로나19 팬데믹으로 전 세계 국가들이 경기 부양을 위해 천문학적인 돈을 풀 때도, 언젠가 반드시 대가를 치를 거라고 강력히 경고한 바 있다. 그리고 예상대로 전 세계가 지금 그 대가를 치르는 중이다.

마찬가지다. 철저한 시장주의에 기반을 두고 문제를 바라보면 반도체 지원법의 해답은 간단하다. 기업은 시장이 있는 곳에 가야 한다. 보조금이 있는 곳에 가면 안 된다. 보조금이 기업을 성장시키는 것이 아니다. 오히려 보조금에 목을 매면 기업의 성장성이 죽을 수도 있다. 그 대표적인 예가 중국의 전기자동차산업이다. 알다시피 중국은 전기차산업을 키우기 위해 2010년부터 막대한 보조금을 지급했다. 그 결과 세계 최고의 전기차 보급률을 기록하고 있지만, 많은 문제도 불거졌다. 예를 들어 실제 판매 수치보다 높게 판매 수량을 잡아 보조금을 허위로 받아내는 부정 수급 사례가 많았던 것이다.

중국 정부는 전기차 시장의 건전한 발전을 위해 보조금을 점진적으로 낮추었고 얼마 전 폐지했다. 보조금 폐지에 중국 전기차업체들은 경쟁력을 잃는다고 아우성쳤지만, 실제로는 오히려 경쟁력이 높아지는 결과가 나왔다. 정부 보조금이 폐지되자 업체들이 살아남기 위해 제대로 된 실력을 키우기 시작했기 때문이다.

마찬가지다. "중국 시장에서 발을 빼야 하는가? 완전히 철수해야 하는가?"라는 질문을 최근 현장에서 많이 받는데, 나는 잘못된 사고방식이라고 본다. 우리 기업은 국내시장이 협소해 대외수출이 아니면 답이 없다. 전 세계 반도체 시장의 50%를 차지한 중국 시장에서 철수해 아프리카 시장을 확대한다고? 말이 안 되는 소리다. 돈은 누구한테서 벌 것인가? 부자가 되려면 부자 옆에 있어야 한다는 말처럼 돈은 돈이 있는 곳에서 버는 것이다. 이것은 한국 기업만의 문제가 아니다. 미국 기업 역시 중국 시장에 반도체를 팔지 않고는 R&D 비용을 유지할 수가 없다.

중국은 시장경제가 체질에 맞는 나라다. 딱 자본주의 논리로만 문제를 바라본다. 적들과도 장사하는 것이 중국인들의 핏속에 깃든 철학이다. 그런 면에서 미국의 동맹인 한국이 어떻게 나올지 다 안다. 그럼에도 필요하니까 장사하는 것이다. 그게 중국인의 마인드다. 중국은 어차피 한국의 메모리반도체가 필요하다. 한국 반도체를 살 수밖에 없다는 얘기다.

그런데 미·중이 갈등하니까 중국 철수를 고민한다? 이것은 협소한 시각일 수밖에 없다. 오히려 중국이란 시장을 잃어버릴까 걱정하기보다 기회라고 여겨야 한다. 중국의 반도체 기술이 발전하면서 한국과의 기술 격차가 좁혀지고 있는 상황이었다. 이런 상황에서 중국으로의 최첨단 기술과 장비가 제한받는다? 한국으로서는 다시 기술 격차를 벌릴 절호의 기회라고 생각할 수도 있지 않겠는가.

한국 기업들이 성공하려면 산업의 격전지에서 싸우고 이겨내야 한다. 한국에서 삼성, LG, 과거의 대우 같은 세계적인 기업이 등장한 이유는 그들이 국내에서 경쟁한 것이 아니라, 외국에 나가 치열하게 경쟁하고 싸웠기 때문이다. 지금도 마찬가지다. 세계를 선도하는 미국, 유럽 시장에 들어가 그곳의 1등 기업들과 치열하게 싸우며 이길 생각을 해야 한다.

한 번 더 강조하지만, 중국도 미국도 유럽도 한국의 메모리반도체가 없으면 산업이 원활히 돌아가지 않는 상황이라는 점에 주목하자. 그만큼 메모리반도체에 있어 한국은 절대적인 위치에 있다. 한국이 메모리반도체를 중국에서 만들든 한국에서 만들든 미국에서 만들든, 어차피 중국은 살 수밖에 없는 것이다. 미국의 상황도 마찬가지다.

한국은 이 사실을 앞세워 스스로 가치를 높여야 한다. 이참에 더는 고래 싸움에 낀 새우가 아니라, 미국에도 요구할 건 당당히 요구해야 한다. 미국은 세계 최대의 자본주의 국가다. 시장경제 원리가 무엇인가. 나 혼자 배부르고 잘산다고 해서 시장이 돌아가지 않는다. 공평하게 장사해서 함께 나눠 먹는 것이 원칙이다. 대표적인 자본주의 시장경제 국가인 미국이 밀어붙이는 반도체 지원법을 무조건 따라갈 게 아니라, 서로 윈윈 할 수 있는 방향을 함께 모색하자고 좀 더 설득하는 자세가 필요하다. 모두가 한국을 원하는 이때야말로 한국 스스로 가치를 높일 절호의 기회라는 것을 잊지 말아야 한다.

그동안 중국이 반도체 개발에 소홀했던 이유는 어렵게 기술 개발할 필요 없이 돈만 있으면 미국, 한국, 대만이 생산하는 최첨단 반도체를 수입해 완제품을 만들고 수출해 큰돈을 벌 수 있었기 때문이다. 그러나 미국과의 갈등이 점차 심해지며 문제가 발생했다. 뒤늦게 자국 내 반도체 기업에 대규모 투자를 단행해 반도체 굴기를 부르짖고 있지만 쉽지만은 않은 형편이었다.

이런 상황에서 미국의 강력한 제재는 오히려 중국의 기술 굴기를 도와주는 기회가 될 수도 있다. 쉽게 손에 넣을 수 있었던 최첨단 반도체를 얻지 못하니, 기술 개발에 대한 의지와 투자를 높이게 될 역효과만 날 수 있다는 것이다. 반도체 기업들이 가장 우려하며 미국 정부를 설득하는 논리가 바로 이것이다. 블룸버그도 미국 반도체산업협회도 중국에 반도체 기술의 자립 명분과 기회를 제공할 위험이 높다고 말하고 있다. 그럼에도 불구하고 미국 정부는 지금 중국을 저지하지 않으면 패권을 잃을 수 있다는 두려움 때문에 제재를 밀어붙이고 있다.

현재 미 행정부의 실권을 쥐고 있는 제이크 설리번 같은 당국자들은 미·중 외교의 3세대라고 할 수 있는데, 이들은 강한 중국부터 경험한 탓인지 중국에 대한 두려움이 강하며 그에 비례해 네거티브한 성향이 강해 보인다. 헨리 키신저 같은 1세대는 낙후되고 힘이 없던 중국을 경험해서 그런지 중국과 화해할 기회가 남아 있다고 생각하는 것 같지만, 이들은 묻지도 따지지도 않고 지금 중국을 억제하지 않으면 더 이상의 기회는 없다고 확신하는 듯하다. 동맹국까지 끌어들여 중국을 저지할 마지막 기회라고 판단하는 것이다.

그러나 중국이라는 거대 시장을 잃게 된 미국 기업들의 수익성은 악화할 수밖에 없다. 당연히 최첨단 기술 개발에 들어갈 투자금이 줄어들게 돼, 거꾸로 중국과의 기술 격차가 좁혀질 수도 있다. 자본이란 짧은 시간에 투자하고 리턴(이익)을 발생시켜 나오는 것이 중요하다. 특히 반도체산업은 막대한 규모의 자금을 장기간 투자하지 않으면 불가능한 산업이다. 그래서 반드시 큰 시장이 받쳐줘야 한다. 엑시트가 가능한 공간, 즉 시장이 있어야 대량의 자본 투입이 가능해진다.

과거 미국과 일본이 벌였던 무역·기술 패권 전쟁을 살펴보자. 일본이 방직산업부터 시작해 철강, 전자, 반도체까지 세계 최고의 자리에 오며 미국을 위협했지만 결국에는 미국에 다 패하고 말았다. 여러 이유가 있겠지만, 가장 큰 원인은 시장 자체가 미국이었기 때문이다. 일본도 어느 정도 내수시장을 가지고는 있지만, 일본 기업이 생산하는 제품을 소화하기에는 턱없이 부족했기 때문이다.

그러나 중국은 다르다. 전 세계 반도체의 50%를 쓰고 있다. 이 시장이 없으면 미국 기업들로서는 장기간 R&D에 투자할 자금이 사라지게 되는 것이다. 게다가 중국이 미국의 제재를 뚫어내고 있다는 강력한 시그널이 터져 나오기까지 하는 상황이다. 최근 출시된 화웨이의 5G 최신형 스마트폰이 바로 그것이다. ASML의 EUV 장비를 들여오지 못하는 상황에서 어떻게 최신 스마트폰 출시가 가능했는지 미국에 엄청난 충격을 던진 것이다.

화웨이는 그동안 메모리반도체는 한국의 삼성, SK, 디스플레이는 삼성, 칩은 퀄컴, 파운드리는 TSMC라는 밸류 체인을 가지고 있었다. 그런데 미국의 제재로 이제는 중국 기업들이 부품 수급 대부분을 책임지고 있다. 유일하게 조달하지 못하던 게 ASML의 EUV 장비였다. 그런데 이번에 화웨이가 한 단계 아래인 DUV로 최신형 스마트폰을 만들어 출시한 것이다. 미국으로서는 반도체 부품이 중국산인지, 아니면 한국이나 대만에서 수입한 재고를 사용한 것인지 정확한 파악이 불가능해, 어떻게 부품들을 수급할 수 있었는지 파악하기 위해 발등에 불이 떨어졌다.

물론 현재는 중국산 반도체일 가능성보다는 한국이나 대만에서 들여온 재고 부품을 사용했을 가능성에 주목하고 있고, 화웨이가 장기간 대량으로 제품을 공급할 수는 없을 것으로 전망하고 있지만, 미국의 대중 통제를 뚫고 중국의 능력으로 출시되었음이 확실해진다면 어떻게 될까? 나아가 시간이 흘러 중국이 장비 개발에 성공해 EUV 장비를 대체할 수 있게 된다면, 혹은 EUV 장비를 개발할 수 있게 된다면, 어떻게 될까? 미국으로서는 엄청난 타격일 수밖에 없다. 최근 중국 당국이 공무원들의 애플 폰 사용을 금지한 것만으로도 단 하루 만에 애플 시가총액 1,900억 달러가 날아갔었는데, 위의 경우에는 애플의 시가총액이 얼마나 날아갈지 상상할 수조차 없을 것이다.

실제로 미국의 시가총액 1등부터 10등까지의 기업을 보라. 애플, 마이크로소프트, 구글, 메타, 엔비디아 같은 빅테크 기업들이 대거 포진하고 있다. 이들의 주가가 전체 미국 시장의 50%를 차지하는데, 이 기업들의 주가가 떨어진다는 것은 미국 금융시장이 위험해진다는 얘기다. 결국, 미국 국민의 삶의 질이 떨어지며 바이든의 2기 집권은 실패로 끝날 가능성이 아주 커진다.

나 역시 미국이 중국의 추격을 따돌리기 위해 비무역·비과세 장벽을 동원하고 동맹국을 앞세워 포위하는 일련의 과정들이 결국에는 실패할 가능성이 크다고 생각한다. 왜냐하면, 빈틈은 있기 마련이니까. 화웨이가 세계 최고의 5G 기술로 치고 나갈 수 있었던 이유가 무엇이었던가? 튀르키예 교수의 관련 논문을 파악한 뒤 발 빠르게 접촉, 엄청난 돈을 투자했기 때문이다. 그 결과 세계에서 가장 많은 특허를 확보하며 5G 기술을 선도해나가고 있는 것이다. 5G의 사례처럼 대량으로 장기간 투자할 자본과 만나게 되면, 못 만들 게 뭐가 있겠는가.

거듭 강조하지만, 중국 자체가 엑시트할 수 있는 세계에서 가장 큰 시장이다. 중국은 자국의 엄청난 내수시장을 가지고 있어서, 성공 가능성만 있다면 천문학적인 투자가 가능해지고, 결국에는 ASML보다 훨씬 더 큰 장비업제가 중국에서 나올 수도 있다. 괴기 일본은 미국을 극복하지 못하고 무릎 꿇었지만, 중국은 자본과 시장을 모두 가지고 있다는 점을 잊지 말아야 한다.

홍사훈 : **그 밖에도 중국에 산재한 문제들이 많은데, 청년 실업률이 20%로 무척 심각한 것으로 알려져 있다.**

중국의 2023년 대졸 예정자 수가 미국의 2배, 한국의 22배인 1,158만 명이다. 그리고 앞으로도 10년 이상 꾸준히 이만큼의 대졸자가 사회로 쏟아져 나올 예정이다. 과거 경제성장률이 높을 때는 취업이 쉬웠지만, 문제는 성장률이 떨어진 지금이다. 중국 뉴스에 따르면, 2023년 4년제 대학 졸업예정자의 취업률은 47.5%에 불과해 절반이 취업을 못 하고 있는 것으로 나타났다. 대학 졸업자들의 취업 문제로 중국 정부의 부담이 커지고 있다는 뜻이다.

▶ **20% 넘어선 중국 청년 실업률**   (단위: %)

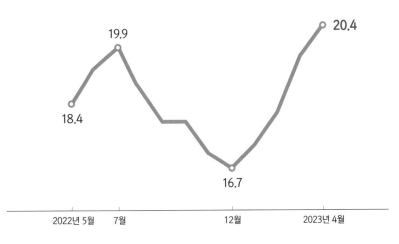

자료: 중국 국가통계국

여기에 2021년 8월, 시진핑 주석이 국정 기조로 밝히며 중국의 최대 화두로 등장한 '공동 부유'도 취업 시장에 걸림돌이 되고 있다. 공동부유란 갈수록 심해지는 불평등 해결을 위해 민간기업과 고소득층의 부를 당이 조절하고 자발적 기부를 통해 인민과 나누자는 것이다. 기존의 선부론先富論*이 '성장'에 중점을 뒀다면, 이제는 성장이 아닌 '분배'로 정책의 방향을 대대적으로 전환하겠다는 것이다.

하지만 텐센트, 알리바바 같은 빅테크 기업에 몰린 부의 불평등 문제를 해소하기 위해 반독점 규제를 강화하는 등 다방면으로 대책을 내놓으며 문제가 불거졌다. 기업에 대한 규제가 늘어나니 기업으로서는 신규 투자도 채용 규모도 줄일 수밖에 없기 때문이다. 가뜩이나 대졸자 취업 문제가 심각해지는 상황에서 취업 문이 더 좁아지는 정책이었던지라, 최근에는 중국 당국도 문제의 심각성을 느끼고 빅테크 기업에 관한 규제를 완화하고 있다.

실업률 문제에는 중국 젊은 층의 성향도 한몫하고 있다. 눈에 차지 않는 직장은 아예 취업을 포기하는 대학생들이 많은 것이다. 농촌은 일손이 부족해 비명을 지르고 있지만, 젊은이들은 취업을 포기할지언정 도시 생활은 절대 포기 못하겠다는 것이다. 또 하나, 2016년 산아 제한을 폐지하기 전까지 중국은 한 자녀 정책을 고수했다. 그러다 보니 부모에게

---

*   선부론先富論: 덩샤오핑 집권 때인 1978년부터 개혁개방 정책을 시행하며, 부자가 될 수 있는 사람이 먼저 부자가 되고, 그들의 부를 통해 인민들도 함께 부자가 되게 한다는 정책. – 네이버 지식백과

서 물려받거나 물려받을 재산을 믿고 인생을 치열하게 살려고 하지 않는 경우가 많다. 혹은 어렵게 취업했어도 쉽게 그만두는 경우도 많다.

> **홍사훈 :** **대만과의 문제는 어떤가? 중국이 경제성장률 전망치는 5% 안팎으로 낮췄지만, 국방비는 대폭 올리고 있다.**

군사 전문가가 아니라 정확한 군사력 비교에는 한계가 있을 수밖에 없지만, 일단 현 상황에서 미국과의 군사적 충돌은 힘들지 않을까 생각한다. 무엇보다 '중국이 국방 예산을 대폭 늘렸다'라는 표현이 정확한 팩트인지부터 확인해 봐야 한다. 미국을 비롯한 서방국들은 중국이 국방비를 대폭 올리고 있다며 마치 전쟁이라도 할 것처럼 분위기를 몰아가는데, 중국의 국방비는 2022년 증액분이 7.1%이고, 2023년 올해는 7.2%가 증액된 1조5,500억 위안(약 292조 원)이다.

엄청난 금액처럼 보이는데, 미국과 비교하면 이 정도는 말장난에 불과하다는 것이 명확해진다. 미국은 2023년 회계연도 기준 8,580억 달러(1,116조 원)를 국방비에 지출했다. 이는 전 세계 국방 예산의 39%에 달한다. 상위 2위~11위 10개 나라의 국방 예산을 모두 합친 것보다도 많다. 중국 역시 미국의 4분의 1 정도밖에 되지 않는 것이다(한국은 460억 달러로 9위였다).

그럼에도 국방비 증가율이 경제 성장 목표치인 5%보다 높다고 해서 대만을 침공할 증거라는 말들이 많다. 중국이 '하나의 중국' 원칙에 따라 대만을 무력 병탄할 계획이라고 분위기를 몰아가는 것이다. 정확히 말하면, 이는 사실과 많이 다르다. 좀 더 객관적으로 문제를 볼 필요가 있다. 만약 중국이 대만을 침공한다? 그러면 세계 3차 대전이 발발할 가능성이 아주 높다. 일본, 북한을 비롯한 주변국들이 진영 논리에 따라 참전하게 될 게 분명하다. 한국도 자동으로 끌려들어가 상상조차 못 할 피해를 입게 될 것이다.

중국도 마찬가지다. 서방세계의 우려처럼 중국이 대만을 침공하고, 혹시나 (가능성은 현저히 낮지만) 미국을 물러나게 한다 할지라도, 중국은 엄청난 타격을 받을 수밖에 없다. '손해 보는 장사'는 절대 하지 않는 중국이 대만을 침공한다? 혈관에 자본의 피가 진하게 흐르고 있는 중국인들의 성향상 쉽게 상상이 가지 않는 일이다.

하다못해 중국의 대부분 가정은 자식이 한 명밖에 없다. 이들을 전쟁터에 쉽게 내보낼 수 있겠는가? 게다가 갈수록 출생률이 떨어져 문제가 심각한 상황에서, 아무리 막강한 권력을 가진 시진핑 주석이라고 해도 마음대로 전쟁을 할 수 있을까? 절대 쉽지 않은 문제다.

그럼에도 분위기를 자꾸 전쟁 쪽으로 몰이기는 분위기가 있는데, 나만의 우려일까? 따라서 한국도 일본도 전쟁이 아닌 평화를 위해 국제무대에서 확실한 목소리를 내며 국격에 맞는 역할을 해줘야 할 때라고 생각한다.

중국 정부 입장에서는 바이든보다는 트럼프가 상대하기에 더 좋다고 생각할 가능성이 크다. 트럼프는 중국과 무역전쟁을 벌였다가 실패한 전력이 있기 때문이다. 이런 트럼프의 전례를 보고 바이든이 한국과 일본을 비롯한 동맹국까지 끌어들여 무역전쟁에다 기술전쟁까지 벌이고 있다. 특히 중국 자체 기술이 떨어지는 반도체법 가드레일로 중국의 가장 아픈 곳을 찌르고 있는데, 중국으로서는 너무 아플 수밖에 없다. 물론 트럼프가 당선돼도 중국 관점에서 안 좋은 점은 분명 있다. 특히 대만이 위험 존이 될 가능성이 크다.

05

세계 경제는 부활할 수 있을까?

중국 경제만 나쁜 것처럼 오해하기 쉬운데, 현재 전 세계에서 성장률이 좋은 나라가 거의 없다. 전 세계 경제성장률을 보면 평균 2%~3%밖에 되지 않는다. 미국의 경제성장률 역시 대략 2%~3%이고, 한국은 2% 아래로 떨어졌으며, 유럽은 1%도 안 될 정도다. 침체에 빠진 세계 경제는 부활할 수 있을까?

> **홍사훈 : 중국 경제, 나아가 세계 경제가 침체에서 벗어나려면 어떻게 해야 할까?**

앞서 이야기했듯이 1980년대 이후 미국이 제조업 중심의 실물 경제에서 금융업 중심으로 경제 체질을 바꾸며 그 혜택을 누린 곳이 일본이었고, 그 뒤로 한국 역시 한강의 기적이라 불리는 산업화에 성공해 반도체를 비롯한 고부가가치 산업으로 '잘 먹고 잘살' 수 있게 됐으며, 중국이 다시 바통을 이어받아 막대한 노동력을 바탕으로 세계의 공장 역할을 하며 발전할 수 있었다. 이와 같은 세계적 흐름 속에서 중국이 생산한 값싼 제품으로 세계 경제도 동반 성장하며 모두가 행복할 수 있었다.

그러나 지금은 세계의 성장 엔진이 꺼지고 있다. 기술, 자본, 노동력, 토지를 투입하는 생산요소 투입형 경제로 과거만큼의 생산성을 내는 것이 불가능해진 탓이다. 제조업의 생산성이 떨어지며 마진율도 떨어지고 있다. 각국 정부가 경제를 부양하기 위해 자본, 노동, 토지 같은 생산요소를 투입하고, 금리를 내려도 기대만큼 효과를 보지 못하는 이유가 이 때문이다. 즉, 중국 경제만 나쁜 것이 아니라 세계 경제 자체가 침체의 늪에 빠져들고 있다는 얘기다.

결국 중국만이 아니라 전 세계 경제를 되살릴 대안은 '혁신 기술'에서 찾을 수밖에 없다. 보통 새로운 혁신 기술이 등장하는 '경제 기술 핵심 주기'를 50년으로 보고 있는데, 지금은 1980년대부터 세계 경제를 이끈 정보·통신 기술이 저물며, 새로운 기술의 주기가 시작되는 때라고 할 수 있다.

한국의 상황도 마찬가지다. 지금까지는 자동차, 석유화학, 조선 같은 탄탄한 고부가가치 산업과 무엇보다 정보·통신 기술의 핵심인 반도체로 잘 먹고 잘살 수 있었다. 그러나 이제 노동생산성이 저렴한 동남아시아

등으로 기술과 자본이 계속 빠져나가고 있고, 최저 출산율, 고령화 등의 구조적인 문제가 닥치며 앞으로 어떻게 먹고살아야 하는가, 라는 절체절명의 문제에 직면하고 있다.

한국도 언제까지 반도체만 붙잡고 있을 수만은 없지 않은가. 새로운 핵심 산업을 찾아 투자해야 한다. 문제는 핵심 산업을 택하고 산업 전반을 교체하는 데도 많은 시간이 걸린다는 점이다. 그 사이 저성장, 일자리 부족 같은 고통을 견뎌내는 게 결코 쉽지는 않을 터이다.

그렇다면 과연 어떤 혁신 기술이 세계를 바꾸게 될까? 어떤 혁신 사업이 세계의 성장 엔진을 다시금 돌리게 될까? 현재로서 가능성이 가장 큰 것은 AI_{Artificial Intelligenc}(인공지능) 산업으로 보인다. 최근 오픈AI의 챗GPT가 전 세계를 뒤흔들었듯이 혁신적인 AI 기술의 등장으로 전 세계 경제에 대격변이 일어날 수 있다.

문제는 AI 기술이 빅데이터와 결합해 형성하는 새로운 시장이 마냥 장밋빛인 것만은 아니라는 점이다. 우선 일자리 문제를 살펴보자. 지금까지 40년~50년 동안 세계를 이끈 정보·통신 기술이 등장하며 수많은 블루칼라(육체노동자)가 일자리를 잃었다. 그로 인해 블루칼라와 화이트칼라 사이의 빈부 격차가 기지게 되었다. 이는 미국만의 문제기 이니리 정보·통신 기술이 발전한 모든 나라가 공통으로 겪은 사회 현상이었다. 그러나 AI가 이끌어갈 세계에서는 블루칼라, 화이트칼라 할 것 없이 일자리를 상당 부분 잃게 될 가능성이 크다. 블루칼라는 로봇이 대체하고, 화이트칼라는 인공지능이 대체할 수 있을 테니 말이다. 공장에서는 관리자

몇 명만 빼면 로봇들이 제품을 생산할 것이다. 10명이 필요하던 변호사는 2명만 필요하고, 나머지 8명은 다른 직업을 찾아 거리를 떠돌 것이다.

최근 미국 실리콘밸리의 빅테크 기업들이 '기본소득'을 주장하는 이유가 바로 이 때문이다. 자신들이 개발한 서비스와 재화를 사기 위해 지갑을 열 소비층이 점점 줄어들고 있기 때문이다. 이처럼 AI 기술이 발전하며 화이트칼라마저 일자리를 잃게 생겼으니, 빈부 격차 문제 역시 지금보다 심각해질 것 같다. 이것은 단지 개인들 사이의 문제만이 아니라, 국가와 국가 간의 빈부 격차 문제까지 아우른다. 잘사는 국가는 더 잘살고, 못사는 국가는 점점 더 못살게 된다는 뜻이다. 빈부 격차는 소비의 문제로도 이어지게 된다. 현재 세계의 생산 능력은 어마어마하다. 기술의 발달로 제품을 엄청나게 쏟아내고 있다. 문제는 그 많은 제품을 누군가는 소비해줘야 하는데, 빈부 격차로 빈곤층이 늘게 되면 제품을 소비할 수요가 줄어들 수밖에 없지 않겠는가.

결국 한국, 중국 할 것 없이 세계 경제의 제조업 마진율은 계속 떨어질 테고, 노동소득이 물가상승률을 따라가지 못하며 실물경제에서 재미를 보지 못한 시장의 자금들은 주식·채권·코인, 부동산 같은 금융시장으로 옮겨가 경제는 점점 '실'이 아니라 '허'로 움직일 가능성이 크다. 이런 식으로 경제가 움직이는 대표적인 나라가 미국이라고 할 수 있는데, 과연 미국이 언제까지 지금처럼 세계의 패권을 유지할 수 있을까? 비관적인 시각일지 모르지만, 결코 오래가지는 못하지 않을까, 조심스럽게 전망해본다.

홍사훈 : **그렇다면 인도, 베트남, 인도네시아 같은 아시아 국가들이 제2의 중국이 될 가능성은 없는 것인가?**

중국의 폭발적인 성장이나 한국이 이룩한 한강의 기적 같은 성장은 앞으로는 힘들 거라고 예상한다.

첫 번째 이유는 일본, 한국, 중국을 살찌웠던 제조업 분야가 다시 선진국으로 돌아가고 있기 때문이다. 과거에는 노동력이 아주 중요했다. 중국이 큰 성공을 이룬 것도 값싼 노동력 때문이었다. 그런데 이제는 로봇이 노동력을 대체하고 있다. 로봇이란 최첨단 기계를 만들어낼 기술과 자본을 갖춘 선진국이 제조업에서도 다시 유리해졌다는 뜻이다. 또한 제조업은 법적 제도와 투명성, 쉽게 말해 공장을 짓고 제품을 만들어낼 환경이 잘 갖춰진 나라들에 유리한데, 당연히 미국처럼 시스템이 갈 갖춰진 선진국이 유리할 수밖에 없다.

두 번째 이유는 아시아 국가들의 빈약한 자본에 있다. 예를 들어 15억 인구를 자랑하는 인도 시장이 최근 주목받고 있는데, 과거 중국 진출 사례처럼 미국을 비롯한 선진국의 대기업들이 기술과 자본을 투입해 인도라는 새로운 시장을 개척하고 싶어 한다. 하지만 인도와 중국은 엄연히 다르다. 무엇보다 새로운 시장을 개척하기 위해서는 공항, 항만, 도로, 전력, 상하수도 같은 인프라가 꼭 필요하다. 기업이 일일이 공장을 짓기 위해 길을 닦고, 전력을 끌어올 수는 없으니 말이다. 중국은 바로 이 인프라 구축을 잘해놓았다. 정부가 외국 기업의 투자를 위해 최선을 다해 인프라를 확충한 것이다. 그러나 인도는 인프라가 너무 부족하다. 또 많은 인구에 비해 1인당 GDP가 너무 낮아 그 시장이 생각만큼 크지 않다.

이제는 인프라 비용 등이 너무 많이 드는 인도 같은 나라보다는 차라리 공항, 항만, 도로 같은 물류가 잘 정비돼 있고, 법과 제도가 잘 갖춰져 있고, 자본이 있는 한국 같은 나라들에 투자하는 게 더 현명할지도 모른다. 앞서 이야기했듯이 AI 기술의 발전으로 노동력은 로봇으로 충분히 대체 가능해지고 있다. 실제로 삼성의 상하이 공장을 가보면 관리직 몇 명을 빼고는 로봇이 제품을 생산하고 있다. 대규모 공장을 지어도 고용효과가 예전만큼 나지 않는 것이다.

결국 앞으로는 한강의 기적처럼 후진국이 값싼 노동력을 제공해 이뤘던 발전은 불가능한 일이 될 가능성이 크다. 후진국은 점점 못살게 될 수밖에 없는 것이다.

한국, 선진국다운 당당한
자세가 필요할 때다

한국은 미국, 중국, 일본, 러시아라는 세계 열강의 틈바구니에 자리한 나라다. 지정학적 위치 자체가 열강들의 패권 싸움에 휘둘릴 수밖에 없다. 실제로 잘못된 선택에 국운이 기운 적도 많은데, 최근 미·중 갈등 역시 한국에 위기를 불러오고 있다. 한국은 어떤 선택을 해야 위기를 극복하고 다시 앞으로 나아갈 수 있을까?

> **홍사훈 : 우리나라 무역수지 적자가 매우 심각하다. 중국의 리오프닝으로도 극적으로 개선되지 않으리란 말도 많다.**

코로나 팬데믹 전만 해도 대중국 무역수지에서 흑자가 많이 난 것은 반도체 때문이었다. 삼성전자와 SK하이닉스가 생산한 메모리반도체의 30% 정도를 중국이 수입하고 있었다. 그런데 중국의 경기 침체로 반도체 수출이 급감하며 무역수지가 급격하게 떨어지기 시작한 것이다. 중국의 소비가 다시 늘어나면 반도체 수요도 늘고 한국 경제도 좋아질 텐데, 중국의 소비가 쉽게 늘지 않고 있는 것이 문제다.

또 다른 측면도 있다. 중국인의 상품 선호도를 조사해보라. 과거에는 똑같은 물건도 'Made in Korea'가 붙으면 프리미엄 20% 정도를 줘야 살 수 있었다. 그만큼 중국인들이 자국 제품보다 퀄리티가 높은 한국 제품을 좋아했다. 그러나 이제는 중국 기업이 만드는 제품도 한국산과 큰 차이를 못 느낄 정도로 품질이 좋아졌다. 여기에 사드 문제를 비롯해 정치적으로 민감한 문제가 이어지면서, 두 나라 국민의 상호 호감도가 심각할 정도로 떨어진 상태다.

문제는 한국의 반도체산업이 예전만큼 호황을 누리기는 힘들어질 거라는 데 있다. 중국은 미국과의 패권 경쟁으로 기술 종속에서 벗어나기 위해 반도체 굴기를 부르짖으며 엄청난 공을 기울이고 있다. 미국은 반도체 원천 기술 종주국의 위상을 되찾겠다며 반도체 지원법 등으로 세계를 압박하고 있다. 일본은 또 어떤가? 정부와 기업들이 합심해 라피더스를 설립하고 잃어버린 반도체산업의 영광을 다시 한번 누리기 위해 뛰고 있다. 대만은 여전히 세계 최고인 파운드리에서 점유율을 높이고 있고, 그동안 잠잠하던 유럽의 주요국들도 기술 종속의 위험성을 깨닫고 반도체산업에 눈을 돌리고 있다. 한마디로 지금 전 세계가 반도체 공장을 짓느라 온통 공사판이다. 결국 더는 예전만큼 한국이 반도체로 이익을 내기가 힘들어질 수밖에 없는 것이다.

그런데도 여전히 한국은 반도체 무역 비중이 너무 높다. 특히 중국과의 무역에서 반도체의 무역 흑자가 전체 무역 흑자보다 더 많다. 바꿔 말해 반도체로 벌어들이는 흑자를 빼면, 다른 산업으로 수출해 벌어들이는 게 별로 없다는 뜻이다. 따라서 지금 한국은 반도체, 특히 메모리반도체 분야에서 어떻게 초격차를 유지하느냐의 문제에만 매몰되어서는 안 된다. 반도체 이후 한국을 이끌 새로운 먹거리를 찾는 데 노력을 기울여야 한다. 반도체에 쏠린 산업 구조를 어떻게든 재정비해야 한다. 시간이 얼마 없다.

이 지점에서 내가 꼭 하고 싶은 말이 있다. 동양 문화에서는 내가 어떤 의견을 말했는데 상대방이 그에 관해 질문을 던지면, 자신에 대한 공격으로 간주하는 경향이 강하다. 이로 인해 생각을 자유롭게 드러내는 토론 문화가 잘 만들어지지 않는다. 때마침 최근 전 세계를 휩쓸고 있는 챗GPT 열풍을 보며 동양의 토론 문화에 대한 우려가 크다. 챗GPT가 우리에게 주는 인사이트를 심각하게 고민해야 한다. 챗GPT가 무얼 보여주고 있는가? AI가 인간처럼 문제에 답을 내는 시대가 왔다는 사실, 앞으로는 인류가 쌓아 올린 방대한 지식을 활용해 AI가 개개인보다 훨씬 더 성확하면서도 창의적인 답을 제공할 수 있다는 사실이다. 그것도 순식간에 답을 도출하니 도저히 경쟁이 안 되는 것이다. 게다가 AI 기술은 시간이 흐를수록 발전할 테고, 인간과의 격차는 갈수록 커질 전망이다.

결국 AI 기술, 챗GPT를 누가 더 잘 활용하느냐에 따라, 즉 '누가 더 좋은 질문을 하는가?'에서 경쟁력의 차이가 생기게 될 것이다. 실제로 챗 GPT를 사용해 보면, 같은 주제에 대해서도 질문에 따라 답이 제각각이다. 좋은 질문을 할수록 답의 퀄리티도 높아진다. 이제는 질문을 잘해야 하는 시대가 되었다는 뜻이다. 여기서 전통적으로 질문하는 것, 나와 다른 생각을 말하는 것을 조심스럽게 생각하는 동양 문화가 문제가 될 가능성이 크다. 어릴 때부터 답을 푸는 교육만 했지, 질문하는 교육에는 익숙하지 않아 제대로 된 질문이 안 나올 테니 말이다.

중국이 과학기술위원회를 설립해 원천 기술 확보에 총력을 기울이듯이, 한국도 앞으로는 fast follower(추격자)가 아니라 first mover(선도자)가 되려 노력해야 한다. 과거의 fast follower 전략은 조직 리더의 결정에 따라 빨리 쫓아가는 데서 성패가 갈렸다. 그러기 위해서는 이견이 없는 동질성이 중요했다. 한마디로 말 잘 듣는 사람이 필요했다. 그러나 이제는 말 잘 듣는 사람이 아니라 질문 잘하는 사람이 필요하다.

오픈AI의 챗GPT처럼 이제까지 없던 것을 만들어내며 세계 1등이 되려면 0에서 1을 창조할 수 있는 창의성이 꼭 필요해진다. 마찬가지다. 세계 첨단 일류국가로 가려면 first mover를 양성하는 교육, '좋은 질문을 하도록 만드는 교육'에 노력을 기울여야 한다. 이를 위해서는 '나와 다른 말'을 하는 사람을 배척하는 대신 존중해야 한다. 기업도 다른 의견을 내는 직원을 높게 대우해야 한다. 누구도 못 하는 질문을 하는 사람을 많이 등용하는 기업 혹은 국가가 세계 1등이 될 가능성이 크다.

중국도 한국도 다양성을 갖춘 문화의 힘을 갖춰야 미래가 보장되는 시대를 맞았다. 특히 수출로 먹고살아야 하는 한국으로서는 제각각 다른 나라에 상품을 팔기 위해서라도 개방되고 오픈된 문화를 하루빨리 정립해야 할 때라고 생각한다.

홍사훈 : **한국과 중국과의 정치적 마찰이 갈수록 심해지고 있다. 중국은 한국을 어떻게 생각하고 있는 것인가?**

중국 정부의 의중을 정확히 파악할 수는 없지만 적어도 한 가지는 명확하다. 중국 지도부도 한국을 전략적으로 매우 중요시하고 있다는 사실이다.

얼마 전 북한과 러시아의 정상회담이 있었다. 이 두 나라가 급속도로 가까워지는 모습을 보며, 한국에서는 중국도 북한 및 러시아와 행보를 같이하는 것 아니냐는 걱정이 많다. 그러나 한국 국민이 잘 모르고 있는 게 있다. 중국은 동맹 정책을 안 한다고 선포한 나라다. 중국은 다른 나라와 동맹 관계를 맺는 게 자국에 불리하다고 판단한다. 동맹은 말 그대로 전쟁이든 뭐든 같이 해야 하기 때문이다. 한마디로 잘못 엮일 수도 있다는 것이다.

무엇보다 중국은 서방 경제와의 협력이 여전히 필요하다. 중국이 국제질서를 지킨다는 이미지를 항상 강조하는 이유도 이 때문이다. 단, 중국이 러시아·북한과 3국 동맹을 맺을 가능성은 거의 없지만, 그들과 똑

같이 인식하는 지점이 있다. 바로 미국의 패권 행동을 저지해야 한다는 것이다. 따라서 한국과 일본을 비롯한 동아시아 정세에 관한 중국의 입장을 간단하게 정리하면 다음과 같다.

첫째, 중국은 현재의 국제질서가 변해야 할 때라고 생각한다. 막스의 자본론에 따르면 경제가 정치 구조를 결정한다. 과거와 달리 이제는 아시아의 경제력 규모가 미국, 유럽과 비슷해졌으며, 성장률을 보면 앞으로 가장 커질 거라고 예측된다. 따라서 현재 미국 중심의 국제질서는 아시아의 경제 규모와 맞지 않는다. 현실에 맞는 경제 질서, 정확히 말하면 아시아의 힘이 좀 더 강하게 작용하는 세계 질서로 수정해야 한다는 것이다.

둘째, 아시아의 문제는 아시아 국가들이 해결해야 한다.

셋째, 동북아 3국이 어떤 견해를 취하느냐에 따라 아시아의 운명이 결정된다. 그렇기에 중국은 한국과 일본을 반드시 함께 가야 하는 동반자라고 생각한다.

결론적으로 중국은 미국 중심의 국제질서를 새롭게 재편하기를 원하며, 한·미·일 3국 동맹이 아닌, 한·중·일 동북아 3국이 동아시아의 미래를 함께 만들어가기를 원하고 있다.

미국과 중국 사이에 낀 한국은 어떻게 해야 지금의 난 관을 헤쳐나갈 수 있을까?

중국은 그동안 한국에게는 최고의 수출국, 즉 제품을 내다 파는 최고의 시장이었다. 그만큼 한국은 최대 수출국인 중국과의 관계를 중요시했고, 어떤 면에서는 조금은 손해를 보더라도 좋은 관계를 유지하려 노력했다. 그러나 몇 년 전부터 대중무역에서 적자가 이어지는 상황이다. 이 때문인지 중국에서 돈 벌던 시대는 끝났으니 중국은 이제 중요하지 않다는 뉘앙스의 이야기들이 심심찮게 나온다. 게다가 미·중 갈등 속에서 정권이 바뀌며 정치적으로 미국 쪽으로 쏠리는 모습을 보이는 중이다.

지난 7월 한국 외교부 장관이 중국 외교부장과의 면담에서 '화이부동 和而不同'*이란 말을 썼다. 중국과 좋은 관계를 유지하려 노력하겠지만, 중국의 의견에 마냥 동의만 할 수는 없다는 의지를 드러낸 것이다. 한국이 중국과의 관계에서 상호 존중과 상호 이익, 즉 서로 같은 테이블에 앉아 할 말은 하는 관계로 나아가기를 원한다는 표현이라고 할 수 있다.

한국이 과거의 약소국이 아니라 동북아시아에서 중요한 위치를 점한 중견 국가로 할 말은 할 수 있는 위치가 된 것은 분명한 사실이다. 그러나 한국이 꼭 유념해야 할 게 있다. 중국은 수출 의존도가 30% 정도밖

---

*　화이부동 和而不同: 부화뇌동 附和雷同의 반대로, 화목하게 지내기는 하지만 무턱대고 남의 의견에 동의해 무리를 지어 어울리지 않는다는 뜻이다. – 네이버 지식백과

에 되지 않는 나라다. 미국은 그보다 적은 20%에 불과하다. 이 말은 미국과 중국은 서로 죽일 듯이 무역전쟁을 벌여도 내수시장이 든든하기에 쉽게 죽지 않는다는 뜻이다.

반면, 한국은 원자재를 거의 100% 수입하고 제품을 거의 100% 수출해야 살아갈 수 있는 나라다. 제품을 만들기 위해서는 원자재를 무조건 수입해야 한다. 제품을 만들어도 국내시장이 작아서 무조건 외국에 내다 팔아야 먹고살 수 있다. 과거보다 비중이 떨어졌다고 정말 중국 시장을 외면할 수 있을까? 절대 아니다. 수출만큼 원자재 수입도 중요하다. 원자재 수입 없이 어떻게 제품을 만들어 수출을 할 수 있겠는가?

한국은 다른 나라와 무역전쟁을 하면 큰 피해를 볼 수밖에 없다. 이것이 한국의 운명이다. 전 세계 모든 국가와 좋은 관계를 유지하려는 노력이 필요하다는 뜻이다. 특히 미국과 중국 사이에서 '적군 아니면 아군' 식의 이분법으로 나누듯 대하는 실수를 범해서는 안 된다. 어느 한 국가에 일방적으로 기우는 정치·경제적 행보는 한국의 미래를 위해서 결코 좋은 행보로 보이지 않는다. 한국의 관점에서 상대에게 요구할 게 있으면 당당하게 요구하고, 아닌 것은 명확하게 아니라고 말하는 전략이 필요하다. 얻어내야 할 것과 내줘야 할 것을 철저히 계산해야 한다. 그런 점에서 한국 정부와 기업의 지혜로운 대처가 필요한 시점이다.

오태민

비트코인, 다시 날아오른다!

비트코인은 화폐로
살아남을 수 있을까?

비트코인이 1년 만에 2배 이상 거침없이 다시 오르고 있다. 비트코인은 거품, 사기라며 비판하는 이들도 다시 암호화폐 시장을 찾고 있는 모습이다.

> **홍사훈 :** **비트코인을 비롯한 암호화폐가 자산 가치가 있는지, 앞으로 살아남을 수 있는지, 의심의 시선이 여전히 적지 않다.**

당연히 오랫동안 살아남을 것이라 확신한다. 화폐란 간단히 말해 소나 논 같은 재산을 옮기기 힘들어 발명된 수단이다. 사람들은 비트코인

같은 화폐를 오랜 시간 기다려왔다. 그 어느 정부의 변덕에도 좌우되지 않고, 내가 자식한테 물려줄 수 있으면서, 국경을 옮길 때마다 빼앗기지 않는 확실한 자산을 말이다.

해묵은 논쟁이지만, 비트코인을 17세기 네덜란드 튤립 파동Tulip mania 때의 튤립 구근에 빗대고는 한다. 당시 튤립 구근 하나가 숙련된 장인의 연간 소득 10배를 넘으며 누구나 튤립의 자산 가치를 믿었지만, 한순간에 무너져버렸기 때문이다. 비트코인 역시 금은 같은 실물자산과 달리 실체가 없다고 이야기하는데, 암호화폐가 등장하기 이전 주식이나 채권이 처음 등장했을 때도 똑같은 의심을 받았다. 그러나 지금 이를 의심하는 사람이 있는가? 비트코인도 똑같다. 아무것도 보장하지 않기 때문에 아무것도 아닌 것처럼 보이지만, 모두가 가치를 인정한 순간 화폐의 기능을 갖게 된다. 비트코인은 지금 전 세계 어디에서든 가치를 인정받고 있다.

나는 비트코인을 세상에 등장한 지 이미 14년이 넘은 일종의 게임으로 바라보라고 말하고 싶다. 카드 게임에서 가장 높은 스페이드 에이스 카드는 그냥 주고받을 때는 아무 의미가 없다. 그러나 게임이 진행되며 돈이 걸리는 순간, 그만큼의 가치가 부여된다. 비트코인 역시 하나의 시스템으로서 팽팽한 게임인 것이다. 비트코인 한 조각을 얻기 위해 누군가 돈을 지불하든지 전기를 써서 채굴한 순간, 즉 재화가 투입되는 순간 가치를 얻게 되는 것이다

현재 비트코인이 5천만 원을 넘었는데 이게 다시 0원이 될까, 아니

면 1억 원이 될까? 어느 쪽이 더 가능성이 있을까? 암호화폐에 부정적인 분들은 0원 쪽에 손을 들 텐데, 0원이 되려면 굉장히 어려운 고비, 말 그대로 악순환에 빠져야 한다. 이게 무슨 뜻이냐고? 비트코인은 채굴이라는 시스템으로 얻게 된다. 채굴자들은 채굴기를 돌리기 위해 전기를 투입하고, 값비싼 반도체 칩도 투입해 비트코인을 채굴한다. 전기, 반도체 칩, 노동력 등을 투입해도 남는 장사이기 때문이다.

여기서 비트코인의 구조를 비판하는 이들의 주장이 등장한다. 만약 비트코인 가격이 폭락하는 경우 전기와 칩과 노동력의 값을 다 제하면 마이너스다? 그러면 채굴을 할수록 손해니 당연히 채굴을 포기할 수밖에 없다. 문제는 채굴자들이 하는 일이 탈중앙 시스템의 보안 작업이라는 것이다. 코인은 그 성과로 얻어내는 부산물이다. 즉, 채굴자들이 채굴을 포기하게 되면 자연스럽게 시스템 보안이 약해질 수밖에 없다. 그러면 비트코인의 가치가 더 떨어지게 되고, 그럼 이득이 더 떨어지게 된다. 그러면 또다시 비트코인의 가치가 낮아지게 된다. 비판론자들은 비트코인이 결국에는 이런 악순환에 빠지게 될 것이며, 마지막에는 0원으로 수렴하게 될 거라고 예상하는 것이다. 대표적인 비관론자가 바로 『블랙 스완』에서 2008년 미국 금융위기를 예측해 유명해진 경제학자 니컬러스 나심 탈레브다. 그는 비트코인을 질병에 비유하고 폰지 사기, 투기성 거품이라고 거침없이 주장한다.

그렇다면 그의 말처럼 비트코인이 악순환에 빠져 가치가 0원으로 수렴할 가능성은 얼마나 될까? 비트코인을 부정적으로 보든 긍정적으로 보든 암호화폐 기술은 이미 등장한 지 10년이 넘었다. 그 시간 동안 사람들의 머릿속에 박혀버렸다. 특히 암호화폐의 근본인 블록체인은 코인 채굴에만 쓰이는 것이 절대 아니다. 암호 기술을 비롯해 다양한 분야에 널리 사용되고 있다. 그런데 악순환에 빠져 사라질 수 있을까? 폭락은 있을 수 있어도 0원, 즉 모든 가치를 잃는 것은 절대 불가능하다. 오히려 기술이 발전할수록 암호화폐 역시 지금보다 발전할 가능성이 더욱 크지 않을까?

홍사훈 : 비트코인, 화폐로서 역할을 할 가능성은 없는가?

나는 지금과 달리 화폐로 역할을 확대할 가능성이 아주 크다고 보고 있다. 경제학자들이 말하는 화폐가 갖추어야 할 속성이 4가지 있다.

첫째, 분할이 가능해야 한다.
둘째, 이동이 간편해야 한다(가벼워야 한다).
셋째, 대체 가능성이 있어야 한다(헌 지폐를 새 지폐로 바꾸듯이).
넷째, 희소해야 한다.

그동안 이 4가지 속성을 완벽하게 구현할 수 있는 화폐는 없었다. 금은 화폐로서 좋은 점이 많지만, 분할이 쉽지 않다. 위조를 알아보기도 어렵다. 지폐 역시 위조 문제에서 자유롭지 못하다. 반면 비트코인은 위조가 불가능하며, 무한히 분할된다. 완벽하게 대체 가능하며, 무게가 없어 지구 반대편으로 빛의 속도로 보낼 수 있다. 어떤가? 경제학자들이 말하는 완벽한 화폐의 속성을 모두 갖추고 있지 않은가!

　　이처럼 비트코인이 처음 등장했을 때는 결제 수단, 심지어 달러를 대체하기 위한 화폐로 등장했다. 실제로 피자 두 판에 비트코인 1만 개를 결제했던 일화는 너무나 유명하다. 그러나 10년이 넘게 흘렀어도 피자를 사는 데 우리는 비트코인을 쓰지 않는다. 비트코인이 화폐 기능 대신 투자자산으로 살아남은 것이다.

　　여기에는 아직은 일반적인 화폐로 사용되기 힘든 결격 사유가 있기 때문이다. 일단 결제 시간이 굉장히 오래 걸린다. 그리고 가격 변동성이 너무 크다. 1만 원짜리 피자 한 판을 결제하고 지불하는 사이에 1만 5천 원으로 뛰어버릴 수도 있는 것이다.

　　또한 최대 단점이 바로 수수료다. 비트코인은 지갑에서 지갑으로 옮길 때마다 수수료를 내야 한다. 수수료는 채굴자들이 가져간다. 채굴 자체가 지갑에서 지갑으로 옮기는 거래를 승인하는 것이니까. 그런데 커피 한 잔을 사 먹기 위해 수수료를 5만 원 내야 한다면 누가 사용하겠는가.

　　이처럼 비트코인은 현재로서는 결격 사유를 안고 있는 것이 사실이다. 그러나 결제 수단이라는 목적을 아예 포기한 것은 또한 아니다. 무엇보다 최대 단점인 수수료가 거꾸로 장점이 되기도 한다. 거래 액수가 아니라 데이터 양에 따르기 때문에 100만 달러, 1,000만 달러를 거래해도 수수료에는 차이가 없기 때문이다. 큰돈을 움직일 때 비트코인의 강점이 두드러진다는 얘기다.

게다가 최근에는 기술이 발전하면서 비트코인으로 피자나 커피를 충분히 사 먹을 수도 있게 됐다. 비트코인을 거래할 때마다 장부에 기재하는 게 아니라, 두 거래자가 빈번하게 거래하는 관계면, 은행처럼 1년 동안 거래 내역을 비트코인 장부에 기재하면 되는 '라이트닝 네트워크'* 시스템이 개발됐기 때문이다. 실제로 이곳에 예치되는 비트코인이 계속 증가하고 있는데, 가격과는 무관하게 누군가는 꾸준히 사용 빈도를 늘리고 있다는 뜻이다.

또 하나 비트코인의 가장 중요한 화폐로서의 활용성은 달러 결제가 안 되는 국가의 생산자와도 무역을 가능하게 해준다는 데 있다. 이런 나라의 생산자와 거래할 때 달러로 결제하면 정부에서 약탈적으로 환율을 적용하거나 세금을 왕창 뜯는 일이 빈번하게 일어난다. 심지어 수출입 계약을 맺고 싶어도 생산업자가 달러 결제를 고사해 계약이 어그러지는 경우도 많다. 금융망을 통해 달러를 송금해봐야 형편없는 환율 탓에 생산업자 손에 떨어지는 이익이 얼마 없기 때문이다.

이런 경우 비트코인으로 거래가 가능하다. 실제로 경제가 붕괴 상태에 가까웠던 베네수엘라의 경우 국민 중의 상당수가 미국에 있는 친척들이 보내주는 비트코인으로 근근이 생활을 유지하던 적이 있었다. 금융

---

*   라이트닝 네트워크Lightning Network: 비트코인의 오프체인 거래 솔루션. 비트코인의 느린 거래속도를 개선하기 위해 2018년 출시했다. 개별 거래를 별도의 채널off-chain에서 처리하고 결과 값만 블록체인에 기록하는 방식on-chain으로 '즉석 결제'를 도와준다. 즉, 중요 거래 내역만 블록에 저장하고 그 외 것들은 블록체인 밖에서 처리시켜 네트워크 속도를 대폭 향상시킴으로써 거래수수료를 낮출 수 있다. – 한경 경제용어사전

망을 통해 미국의 친척이 달러를 보내면 정부가 달러 대신 쓰레기 같은 베네수엘라 화폐로 환전해줬기 때문이다. 엘살바도르도 비슷한 예라고 할 수 있다. 엘살바도르 대통령 나입 부켈레Nayib Bukele의 주장에 따르면 (정확한 수치인지는 확실치 않지만) GDP의 무려 20%가 미국에 거주하는 엘살바도르인들이 보내는 송금액이고, GDP의 5%가 환전 수수료로 나갈 정도였다고 한다. 엘살바도르가 비트코인을 법적 지불수단으로 선택할 수밖에 없었던 이유가 이런 약탈적 폐해를 막기 위한 고육지책이었다는 것이다.

이처럼 비트코인은 완벽한 화폐의 가능성을 가지고 있지만 아직은 기술적 단점을 가진 화폐라고 정의하는 것이 좋을 듯하다. 현재의 기술적 단점은 충분히 개선 가능하다고 본다. 특히 애플, 구글, 삼성 같은 글로벌 IT 기업들이 암호화폐 시장에 아직 진입하기 전인데, 만약 그들이 암호화폐 시장에 참여해 기술이 도약하게 되면 비트코인은 그야말로 날개를 달 거라고 예상된다.

미국과 비트코인, 결국 손잡을 것

각국 정부의 화폐 발행권을 전 세계인의 신용으로 대신하자는 비트코인의 발행 취지에 혹자는 비트코인이 가장 정의로운 화폐라고 말한다. 이런 이유로 자국의 패권주의를 지탱하는 달러에 도전하는 그 어떤 것도 용납하지 않는 미국으로서는 비트코인을 주시할 수밖에 없는데, 현재 미국의 비트코인 관련 이슈를 알아보자.

홍사훈 : **비트코인이 달러의 대항마로 등장하다 보니 미국 정부는 비트코인을 부정적으로 볼 수밖에 없을 텐데, 어떤가?**

지난 오바마, 트럼프 행정부는 비트코인과의 공존을 생각했다. 그러나 현 바이든 행정부는 반 비트코인 정책을 노골적으로 펼치고 있다. 지난 6월 미국 증권거래위원회가 세계 최대 암호화폐 거래소인 바이낸스를 기소한 것이 대표적이다. 그렇다면 왜 바이든 정부는 비트코인를 비롯한 암호화폐를 적대시할까?

10년 전인 2012년 비트코인 역사에 길이 남을 흥미로운 사건이 터졌다. 다크웹의 마켓 플레이스로 악명 높던 실크로드의 20대 창업자가 살인 교사 혐의로 체포된 것이다. 이 사건은 '실크로드 사건'이라는 이름으로 미국 의회까지 움직였는데, 알다시피 미국은 마약 때문에 골머리를 앓는 나라다. 비트코인이 마약 거래를 비롯한 불법적인 거래에 사용되고 있다는 점에 의회까지 신경을 곤두세운 것이다.

이런 일련의 사건으로 미국인들은 처음부터 비트코인을 마약을 비롯한 불법 거래와 연결 지어 생각하게 됐고, 의회는 금융감독 기관에 비트코인을 이대로 놔둘 거냐고 질타하게 됐다. 그런데 당시 연준 의장이었던 벤 버냉키가 미국 상원에 보낸 대답이 전혀 뜻밖이었다. 비트코인이 매우 '전도유망'하다고 답했던 것이다. 더 충격적인 것은 의회 청문회에 출석한 법무부 차관보 역시 비트코인이 범죄에 사용되고 있기에 제재안을 마련할 거라 대답할 줄 알았는데 거꾸로 비트코인은 세계 무역을 건강하게 만들 수 있다고 주장했다. 당시 미 행정부의 연이은 긍정적 전망에 비트코인 가격이 일주일 사이 10배 정도 오르기도 했다.

이처럼 미국의 엘리트들은 비트코인에 대해 일찍 눈을 떴다. 특히 비트코인이 불법 거래에 쓰이는 줄 알면서도 이들이 긍정적으로 평가

한 배경에는, 무엇보다 중국의 위안화 환율 조작을 막을 수단으로 생각한 게 컸던 것으로 보인다. 중국인들이 비트코인을 많이 갖고 있다는 사실에 주목한 것이다. 중국인들이 비트코인을 많이 가지면 가질수록 중국 당국의 통화 정책이 잘 안 먹히게 되는데, 이런 비트코인의 긍정적인 역할을 기대했던 것이다.

| 홍사훈 : **잠깐 논의에서 벗어나, 중국인은 왜 이렇게 비트코인을 좋아하는가?**

2017년 1월 통계를 보면, 전 세계 비트코인 거래의 위안화 비중이 95%였다. 90%도 아니고 95%가 위안화 거래였다. 그 정도로 중국인의 비트코인 사랑은 엄청나다. 이는 중국 정부의 자본 통제에 대한 반대급부라는 의미도 크다. 중국인은 돈을 외국에 보내는 게 쉽지 않다. 자본 유출 우려 때문에 은행이 달러로 잘 안 바꿔주지 않고 굉장히 까다롭게 제한한다. 알다시피 중국은 과거 서구 열강의 침략에 힘 한번 써보지 못하고 무릎 꿇은 전력이 있다. 이런 역사 때문인지 자본이 순식간에 빠져나가는 두려움에 금융시장을 전면 개방하지 못하는 것이다.

반면 비트코인은 국경이 없다. 언제든 원할 때 자산을 어디로든 옮길 수 있다. 이런 장점에 중국인들은 비트코인에 열광하는 것이다. 반대로 똑같은 이유 때문에 중국 정부는 비트코인을 합법화하지 못한다. 그렇다고 비트코인을 강제로 빼앗을 수도 없으니 2013년 비트코인 폭등

때 중국 중앙은행에서 강력한 경고로 상승세를 꺾으려 노력했고, 2017년 폭등 때는 거래소를, 2021년 폭등 때는 아예 채굴을 금지해버렸다. 문제는 중국인들의 네트워크가 세계적이라 큰 효과를 보지 못하고 있다는 것이다.

> **홍사훈 :** **다시 미국으로 돌아가, 현 정부는 왜 비트코인에 부정적인가?**

이전 정부가 비트코인에 나름 친화적이었다면, 바이든 정부가 들어서면서 태도가 180도 달라졌다. 그러나 미국 자체가 비트코인을 싫어하는 것은 아니다. 민주당이 반 비트코인 기조라면, 공화당은 친 비트코인 기조를 보인다. 얼마 전 정부 부채 한도 협상에서도 비트코인 관련 안건이 이슈가 됐다. 바이든 행정부의 목표는 중국처럼 비트코인 채굴 완전 금지였다. 그러나 민주주의 국가에서 무조건적인 금지는 너무 과하다는 공화당의 반대에 부딪혀 대신 채굴에 30%의 세금을 매기려고 했는데, 이 역시 하원을 장악한 공화당 때문에 쉽지 않아 보인다.

바이든 행정부 안에서도 앞서 잠깐 이야기한 대로 법무부 쪽은 긍정적인 시선으로 비트코인을 보고 있는 것으로 알려져 있다. 무엇보다 비트코인의 속성인 거래 흐름의 투명성을 이용해 범죄를 잡아낼 수 있기 때문이다. 실제로 2016년 비트피넥스Bitfinex라는 홍콩 거래소가 해킹당해서 12만 비트코인이 증발한 적이 있다. 해킹한 돈이 자그마치 45억 달러

(한화 5조 원)에 달했고, 이 때문에 당시 비트코인 가격이 20%나 하락하기도 했다. 그런데 6년이 지난 2022년 FBI가 해킹 용의자로 한 부부를 기소하며 36억 달러를 회수했다고 발표했다. 2014년 미 법무부 문서를 보면 비트코인과 관련한 범죄는 법원의 영장 없이도 계좌를 들여다볼 수 있다는 내용이 나온다. 법무부는 비트코인으로 거래되는 '그림자 금융' 같은 흐름을 통제할 수 있다고 생각하는 것이다.

민주당의 바이든 행정부가 비트코인을 부정적으로 대하는 가장 큰 이유는 중국, 북한 관련 안보 이슈 때문으로 추정된다. 올해 1월 백악관이 비트코인 수탁 서비스를 준비하던 골드만삭스, JP모건 같은 글로벌 금융회사에 비트코인을 비롯한 크립토 가상자산에 노출되는 것은 중대한 실수라고 강력한 경고를 날린 바 있다. 그러면서 미 정부가 제시한 근거가 바로 북한이었다. 비트코인을 비롯한 암호화폐를 북한이 해킹하고 있고, 해킹으로 얻은 막대한 자금이 미사일 개발에 쓰이고 있다고 명시한 것이다.

지난 7월 상원 인준 청문회에서도 미국 국가안보국NSA 국장 후보가 북한이 암호화폐를 해킹한 자금으로 미사일과 핵 개발을 진행 중이라는 사실, 그리고 그 규모가 2조 원이 넘는다는 사실을 밝힌 바 있다. 4년 전에는 북한이 비트코인 2만 개를 갖고 있다는 정보를 공개한 적도 있다. 북한이 암호화폐를 해킹했다는 뜻은 비트코인 자체를 해킹한 게 아니라 랜섬웨어로 은행, 기업, 기관, 학교 서버를 다운시킨 뒤 원상 복구해주는 대가로 비트코인을 받은 것을 말한다. 이처럼 비트코인을 그대로 놔두면 북한을 도와주는 꼴이 되니 비트코인, 나아가 암호화폐 시장을 키우면 안 된다고 공식적인 입장을 표한 것이다.

　그리고 전 정부가 중국인들이 비트코인을 많이 보유할수록 중국 당국의 금융정책에 혼란이 올 가능성이 크다는 점에 주목했다면, 현 정부는 안보 정책을 이유로 중국인들이 암호화폐를 많이 보유하는 것을 좋게 보지 않는다. 예를 들어 만약 미·중 갈등이 지금보다 심각해지고, 중국이 비트코인을 던져 가격을 폭락시키면 미국에 극도의 금융 혼란이 벌어지기 쉽고, 이런 상태에서 중국이 대만을 침공하면 미국은 무력을 구사하기 힘들다는 게 미국의 '워 게임 시나리오'다.

　이처럼 바이든 정권은 북한, 중국과 관련한 안보 이슈로 비트코인에 부정적인데, 또 하나의 이슈가 환경 문제다. 비트코인을 채굴하기 위해서는 대량의 전기를 사용할 수밖에 없고, 이게 민주당 정부의 친환경 정책에 맞지 않는다는 인식이 팽배한 것이다. 그러나 적대적인 바이든 정부도 비트코인을 완전히 없앨 수는 없는 노릇이어서, 결국에는 인정할 거라고 확신한다.

　무엇보다 비트코인은 아직 달러 패권을 위협할 처지가 아니다. 비트코인이 현실에서 널리 사용되지 못하고 있기 때문이다. 사람들은 대부분 비트코인을 물물 거래 수단으로 사용하는 대신 거래소에 집어넣고 자산 증식의 목적으로 사용 중이다. 암호화폐는 탈중앙화가 특징인데, 사람들의 성향 자체가 중앙집권화를 좋아하다 보니 그 부작용이 심각하다. 2021년 FTX 사태에서 볼 수 있듯이 창업자가 고객이 맡긴 비트코인을 마음대로 써버려 파산하기도 했다.[*] 이번에 세계 최대 거래소인 바이낸스를 기소한 것도 고객이 맡긴 비트코인을 창업자인 장펑자오가 따로 만든 회사로 임의로 이동시킨 것이 적발됐기 때문이다. 비트코인은 개인 대 개인 간 거래를 위해 발명됐는데, 원래 취지에 부합되지 않게 쓰이니 모럴 해저드가 계속 일어나는 상황이다.

---

[*]   2022년 11월 샘 뱅크먼프리드가 창업한 전 세계 3위권 암호화폐 거래소 FTX가 파산한 금융사기 사건이다. 장부거래 의혹이 제기되며 모든 고객의 자산 인출이 중단됐다. 루나 사태를 뛰어넘어 암호화폐 최대 규모를 경신한 금융사기이며 암호화폐 시장 전체를 침체에 빠뜨렸다. – 나무위키

03

SEC와 암호화폐 업계의 힘겨루기,
최후의 승자는?

미국이 암호화폐를 증권으로 규정할지 말지에 관련 업계의 이목이 집중되고 있다. 암호화폐를 관리 가능한 화폐의 영역으로 끌어들이려는 기존 제도권과 이를 막기 위해 노력하는 업계의 줄다리기는 과연 어떻게 결론이 날까?

> **홍사훈 :** **미국 SEC(증권거래위원회)가 비트코인을 뺀 9개의 암호화폐를 '증권'으로 규정했다. 이게 어떤 의미인가?**

비트코인에 대한 SEC의 정책에는 여러 의미가 있다. SEC는 비트코인을 증권으로 규정하고 싶어 했다. 그러나 CFTCCommodity Futures Trading Commission(선물거래위원회)가 비트코인을 자산으로 규정해버렸는데, 여기에는 출발은 다르지만 하는 일이 비슷해 통폐합 이야기가 자주 나오는 두 기관의 헤게모니 싸움도 포함되어 있다. 통폐합될 경우를 대비해서 '힘겨루기'를 하고 있다는 얘기다.

비트코인을 증권으로 보기 위해서는 무엇보다 전제조건인 투자 행위가 있어야 한다. 현재 암호화폐 시장에 우후죽순으로 등장하는 코인 프로젝트는 대부분 일반기업이 외부에서 투자받는 방식인 IPO*와 비슷한 ICO**를 받아 태어난다. 달러 같은 기존 화폐나 비트코인, 이더리움 같은 암호화폐를 투자받아 만들어지고, 사업자의 노력으로 가치가 변동되며, 주식이나 채권처럼 매매가 이뤄지고 있다. SEC는 이를 이유로 암호화폐를 일관되게 증권으로 판단하고 자신들의 영향력 아래 두려는 것이다.

반면 비트코인은 사토시 나카모토가 (확인은 불가능하지만) 누군가의 투자를 받아 만든 것도 아니고, 자신이 가진 비트코인 110만 개를 누군가에게 팔지도 않았다. 즉 비트코인은 투자 행위 자체가 일절 없었기 때문에 SEC가 증권으로 규정하지 못한 것이다. 게다가 설사 비트코인을 증

---

* IPO Initial Public Offering : '기업공개'를 뜻하는 말로 외부 투자자가 공개적으로 주식을 살 수 있도록 기업이 자사의 주식과 경영 내역을 시장에 공개하는 것을 말한다. 대규모 자금 조달, 기업 홍보 효과, 기업의 신뢰와 평판이 상승할 수 있다. - 네이버 지식백과

** ICO Initial Coin Offering : '암호화폐공개'를 뜻하는 말로 기업 대신 화폐를 공개하는 새로운 자금 조달 방식을 말한다. 비트코인 등이 주목받으면서 새로운 자금 조달 방식으로 주목받고 있는 개념이다. - 네이버 지식백과

권으로 규정한 뒤 무허가증권을 발행해 팔았다는 혐의로 기소하더라도 문제가 많다. 다른 코인들은 발행 주체가 명확하지만, 현실적으로 기소할 대상인 사토시가 누군지, 하다못해 죽었는지 살았는지도 모르기 때문이다.

> **홍사훈 :** **만약 암호화폐가 증권으로 규정되면 어떻게 되는 것인가?**

우선 암호화폐 업체는 반대 견해를 보이고 있다. 그동안 암호화폐 업체는 코인을 무척 쉽게 발행했다. 일반기업이 증권을 발행해 외부의 투자를 받는다는 것은 회사의 경영권을 일정 부분 넘기게 된다는 뜻이지만, 코인 업체에는 그런 게 없었다.

그러나 투자자는 암호화폐의 투명성이 높아지니 좋을 수밖에 없다. 증권으로 해석되면 정부의 허가 절차를 득해야 코인 발행이 가능해지고, 회계장부도 공시해야 한다. 지금까지는 불투명성 때문에 투자를 꺼렸다면, 정부의 규제를 받으며 어느 정도 투명성 확보가 가능해지기 때문이다.

반면, 사설거래소들은 한마디로 '결사반대'다. 기존에는 신고만 하면 마음대로 거래소를 세우고 상장할 수 있었는데, 증권으로 분류되면 정부에서 공인한 증권거래소에서만 거래해야 하기 때문이다. 존폐의 문제가 걸려 있는 것이다.

정리해보자. 정부의 규제를 받게 되면 코인으로서의 투자 가치는 떨어지는 단점이 있다. 반면 제도권 안으로 들어가는 것이니 상대적으로 안전해진다는 장점이 있다.

> **홍사훈 :** **세계 최대 자산운용사 블랙록*이 SEC에 비트코인 현물 ETF** 출시를 요청했다. 그 의미와 효과가 무엇인가?**

러시아가 우크라이나를 침공하기 전 구글을 비롯해 골드만삭스와 JP모건도 비트코인, 암호화폐에 굉장히 긍정적인 시그널을 보냈다. 그런데 푸틴 대통령이 비트코인을 화폐로 취급하겠다는 말에 미국 기업들이 1년 반 동안 입 다물고 눈치만 보고 있었는데, 이번에 블랙록이 SEC에 ETF를 신청하며 자산 포트폴리오에 암호화폐를 담겠다고 나섰다. 만약 SEC가 허가하면 정상적인 제도권 금융시장에 마침내 암호화폐도 드디어 진입한다는 뜻이다.

---

*　블랙록BlackRock Inc : 1988년 래리 핑크가 실립해 현재 운용 자산 기준 세계 최대 규모(10조 달러 추측)인 미국 국적의 자산운용사. 미국 상장 대기업의 절반 이상에 최소 5%의 지분을 보유하고 있는 등 전 세계 금융시장에 막강한 영향력을 행사하고 있다. – 네이버 지식백과

**　ETFExchange Traded Fund (상장지수펀드): 인덱스펀드(주가의 변동과 동일한 투자 성과의 실현을 목표로 구성된 포트폴리오)를 거래소에 상장시켜 투자자들이 주식처럼 편리하게 거래할 수 있도록 만든 상품이다. – 네이버 지식백과

무엇보다 블랙록 래리 핑크 회장의 발언이 충격적이다. 비트코인을 '일리걸 액티비티illegal activity(불법적인 일)'에 쓰인다고 강력하게 비판하던 입장에서 '인터내셔널 애셋international asset(국제적 자산)'이라고 입장을 180도 바꾼 것이다. 또한 지정학적 자산, 즉 국경에 구애받는 자산이 아닌 점을 비트코인의 장점으로 꼽았는데, 실제로 전쟁이 발발한 뒤 우크라이나인이 국경을 넘어 폴란드 등으로 피난을 떠날 때, 비트코인이나 이더리움 같은 암호화폐를 많이 갖고 넘어갔다. 실물자산을 옮기는 것보다 훨씬 쉽기 때문이다. 래리 핑크 회장이 정확하게 바로 이 점을 지적한 것이다.

사실 블랙록 이전부터 기존 금융기업들은 서른 차례 넘게 ETF를 신청한 바 있다. 이들이 내세운 이유가 바로 미국이 앞장서 적극적으로 제도화해야 미국 금융권에서도 비트코인 실물을 많이 갖게 된다는 것이었다. ETF 자체가 할머니, 할아버지들이 비트코인을 직접 사고파는 게 힘들고 복잡하니까 은행이 대신 사서 증서를 주고 관리하는 것이다. 당연히 은행들은 비트코인을 금처럼 보유하고 있어야 한다. 금도 금융권에서 상당 부분 보유하고 있어 가격이 안정되는 측면이 큰 것처럼, 미국이 비트코인을 제도화해 금융기업들이 더 많이 비트코인을 확보하면 투자자 보호가 된다는 논리인 것이다.

반면, SBC가 계속 퇴짜를 놓은 이유는 비트코인이 투자자 보호가 안 된다는 점 때문이었다. 그러나 이는 표면적으로 내세우는 이유일 뿐 실제로는 비트코인을 누가 얼마나 들고 있는지 정확히 파악이 안 되기 때문이다. 특히 중국이라고 특정하진 않았지만, 미국이 아닌 다른 나라에서 너무 많이 갖고 있어 투자자 보호가 안 된다고 반려한 것이다. 그러나 이는 궁색한 변명일 뿐이다. ETF를 승인해서 금융기관이 이를 수탁하면 할수록 가격 조작이 어렵고, 실태 파악이 쉬워져 소비자 보호가 강화될 수 있기 때문이다.

이처럼 퇴직연금 같은 각종 연기금의 자산 포트폴리오에 비트코인이 담기는 순간, 암호화폐 시장이 커진다는 의미와 함께 비트코인에 대한 인식 자체가 바뀌게 될 것이다. 미국 정부가 비트코인 기반 금융상품을 공식 인정했으니 비트코인은 이제 없어질 현상은 아니라는 명백한 신호가 되기 때문이다.

실제로 미국 정부나 금융권 입장에서는 비트코인을 완전히 막지 못할 바에야 ETF를 허용해 순치하는 것, 즉 순하게 다루는 것이 가장 좋은 방법이다. 일반인들이 비트코인 자체를 소유하게 된다는 것은 정부의 통제 밖으로 넘어간다는 뜻을 내포하고 있다. 그러나 금융권에서 개인의 비트코인을 관리하면 비밀 열쇠를 금융권이 갖는다는 뜻이다. 따라서 유사시 정부가 금처럼 어느 정도 통제 범위에 가둘 수 있다. 어차피 암호화폐를 막을 수 없다면, 차라리 ETF 형식으로 제도권으로 들여오는 편이 가장 현명한 방법일 테다.

이처럼 암호화폐 시장에 대한 규제 강화와 기관 투자자들의 관심 증가에 따라, 그리고 암호화폐를 제도권 안에서 관리하고자, 지난 7월 미국의 초대형 금융사들(시타델 증권, 피델리티 인베스트먼트, 찰스 슈왑 등)이 연합해 암호화폐 거래소 EDX Markets를 설립했다. 개인 투자 거래는 안 되며, 모든 암호화폐가 아니라 비트코인, 라이트코인, 이더리움 3개 암호화폐만 현물 거래된다.

알다시피 기존의 암호화폐 거래소는 은행과 증권거래소를 합쳐놓은 형태로 막강한 권력을 갖고 있다. 코인을 상장시킬 권리를 갖고 있어서 어떤 코인을 살리기도 하고 죽일 수도 있다. 문제는 FTX 사태에서도 봤듯이 그 중요성에 비해 엉뚱하게 운용하는 경우가 빈번하다는 점이다. 신용도가 떨어지는 것이다. 이에 기존 금융사들이 안정성, 신뢰성 높은 거래소를 만들어 기관 투자자들의 진입을 촉진하겠다는 목적으로 팔을 걷어붙이고 나선 것이다.

또 하나의 이유를 찾자면, 세계 최대 거래소인 바이낸스의 창립자 장평자오(중국계 캐나다인)처럼, 현재 암호화폐 시장을 장악한 거래소 대부분이 중국인이 세웠거나 중국과 관련이 있다는 점이다. 이번에 미국 금융당국이 바이낸스를 잡은 것 역시 창업자가 미국인이 아니라는 점도 크게 작용했을 가능성이 크지 않겠는가. 이처럼 다소 늦은 감이 있지만 거래소 허가제를 도입하고, 기존의 금융업체들이 거래소로 진입해 안정성과 신뢰성을 담보하게 된다면 앞으로 암호화폐 시장은 훨씬 더 커질 것이다.

04

CBDC*, 암호화폐에 코가 꿰이다

미국, 중국을 비롯한 많은 나라가 CBDC 발행을 준비 중이라는 소식이 들려오고 있다. 과연 CBDC는 비트코인의 대항마가 될 수 있을까?

> **홍사훈 : CBDC가 나오면 암호화폐가 망한다는 이야기가 많은데 어떤가?**

미국이 달러 블록체인 코인을 시장에 내놓으면 비트코인, 이더리움

---

* CBDC Central Bank Digital Currency : 중앙은행 Central Bank 과 디지털 화폐 Digital Currency 를 합친 용어. 비트코인 등 민간 암호화폐와 달리 각국 중앙은행이 발행한 디지털 화폐를 뜻한다.
－ 네이버 지식백과

은 다 쓰레기가 되는 것 아니냐고 말하는 분들이 많다. 그만큼 암호화폐 시장에서 CBDC가 핫 이슈로 떠오르고 있다. 문제는 관심은 많은데 CBDC가 뭘 뜻하는지 정확히 알고 있는 사람이 거의 없다는 것이다. 간단히 말하면, CBDC는 기업과 은행만 상대하던 국가의 중앙은행이 대차대조표에 개인을 포함시킨다는 의미다. 한마디로 중앙은행과 내가 디지털 화폐를 통해 '다이렉트'로 거래가 가능하다는 뜻이다.

얼핏 들으면 정말 좋은 말처럼 들린다. 그런데 중앙은행이 직접 디지털 화폐를 만들어 개인에게 제공하는 게 과연 좋은 일일까? 일단 가장 큰 문제는 민간 상업은행이 망할 가능성이다. 실제로 현재 전 세계 100개가 넘는 나라들이 CBDC를 한창 연구하고 있다고 하는데, 그 뒤로 추가 소식이 있는가? 아직 결과물이 나오지 않는 이유가 바로 상업은행들의 영업권 침해 문제 때문이다.

미국이 달러 CBDC를 만든다거나 중국이 위안화 CBDC를 만든다고 가정해 보자. 비트코인처럼 발행량이 정해져 있지 않을 테고, 국제 결제 거래에서 CBDC가 널리 통용되면 이거야말로 미국의 달러 패권에 균열을 가게 하는 요인이 될 가능성이 상당히 크다. 왜냐하면 달러가 문제가 될 때마다 나오는 게 제3의 화폐니까. 그중의 하나가 SDR(특별인출권)*인데, 비트코인은 동전도 지폐도 아닌, 하나의 장부를 말한다. 그야말로 완벽

---

*　　SDR Special Drawing Right: 국제통화기금IMF의 특별인출권을 가리키는 말로, 별명은 페이퍼골드Paper Gold이다. IMF가 1969년 국제준비통화인 달러와 금의 문제점 보완을 위해 도입해 1970년에 정식 채택한 가상 통화이자 보조적인 준비자산이다. - 네이버 지식백과

한 제3의 화폐인 것이다.

장부가 왜 생겼을까? 신뢰를 쌓은 양자 간에는 장부에 숫자만 정확히 기입하면, 거래 때마다 굳이 실물 화폐가 오갈 필요가 없기 때문이다. 대항해 시대 때 서유럽 상인들이 이를 깨달아 만든 게 '환어음 시스템'이며, 이를 토대로 케인즈가 제안한 것이 방코르Bancor*이며, 방코르가 발전해 SDR이 된 것이다.

▶ **SDR 비율** (2016년 10월 기준)

미국 달러 (41.73)	유로 (30.93)	중국 위안 (10.92)	일본 엔 (8.33)	영국 파운드 (8.09)

2차 대전 이후 유럽 국가들은 달러로 결제하고 싶어도 달러가 부족했다. 그 결과 유럽 국가들끼리 장부상으로 상각만 하자면서 '결제 동맹'을 만들었다. 이 결제 동맹이 점차 발전해 오늘날 유럽연합의 모태가 된 것이다. 결과적으로 신용만 확실하다면, 얼마든지 달러를 안 써도 된다는 뜻이다.

---

*   방코르Bancor: 영국 정부가 제안한 국제 청산 동맹안(이른바 케인즈안) 속에서 창설이 시도되었던 국제통화. 금을 기준으로 한 일정한 가치에 고정되며(단, 절대 불변은 아님), 이것을 공통의 국제통화단위로 하여, 각국은 자유통화의 평가平價를 방코르로 표시한다. 그리하여 각국은 동맹안에 방코르 계정을 개설하고, 이 계정의 대체에 의해 국가간의 결제를 한다. - 두산백과

중국이 CBDC에 가장 적극적인 이유 역시 디지털 위안화로 다른 국가들과 직접 결제하며 일대일로 정책을 더욱 공고하게 다질 수 있기 때문이라고 한다. 디지털 위안화가 달러 패권을 무너뜨리는 선발대가 될 수도 있다고 생각하는 것이다. 실제로 중국은 과거 유럽의 결제 동맹처럼 중국 중심의 결제 동맹을 만들고 싶어 하는데, 사우디아라비아와 원유 결제를 디지털 위안화 장부로 하겠다는 얘기가 나오는 것도 이 때문이다.

그런데 여기에는 심각한 문제가 숨어 있다. 중국은 중앙은행이 디지털 화폐를 만들어 인민들의 주머니에 꽂아주면 사회의 신용 시스템을 강화하는 데 도움이 될 것으로 생각하는 것 같다. 마약 같은 범죄 거래를 쉽게 잡아 벌을 줄 수도 있게 된다고 말이다. 물론 정부를 신뢰하면 정부가 만든 디지털 화폐가 널리 사용될 수도 있다.

문제는 다른 곳에 있다. 일반인은 고사하고 우리나라 금융감독기구에서 일하는 분들도 전혀 모르고 있다가 내가 이에 관한 이야기를 한 뒤에야 깜짝 놀랐는데, 거래마다 신원을 인증하지 않고 암호로 소유권을 확인하는 CBDC를 내놓는 순간 거꾸로 비트코인을 비롯한 암호화폐 세계에 완벽히 먹혀버릴 수도 있기 때문이다. 암호화폐가 우리의 생각보다 얼마나 엄청난 것인지 알 수 있는 대목인데, 무슨 뜻인지 이제부터 차근차근 알아보자.

우리는 은행을 이용하려면 자신의 신분을 인증해야만 한다. 그러나 암호화폐는 신분 대신 암호만 인증하면 끝이다. 돈의 주인이 누군지는 전혀 관심 없다. 그리고 비트코인과 이더리움은 전혀 다른 블록체인이다.

따라서, 이더리움 플랫폼 안에서 비트코인을 거래할 수도 있다. 예를 들어 비트코인 하나를 이더리움 플랫폼에 잠그고(예치하고), 열쇠 금고를 가지고 이더리움을 만들어 유통할 수 있다는 뜻이다. 그러면 신분과는 전혀 상관없이, 열쇠를 가진 사람이 비트코인의 소유자가 된다. 이론적으로 열쇠는 비트코인과 같은 값으로 거래될 수 있기 때문이다.

마찬가지로 만약 디지털 위안화가 발행되면 어떤 일이 벌어지게 될까? 비트코인이나 이더리움 플랫폼에서 잠글 수 있게 된다. 그리고 위안화와 대칭되는 열쇠를 스테이블 코인으로 만들어 유통할 수도 있게 된다. 바로 이 상황이 심각한 문제다. 무슨 뜻인지 아직 감이 안 잡히는가?

중국 정부는 디지털 지갑에 위안화가 그대로 있으니 아무 문제도 없다고 판단할 수밖에 없다. 그러나 실제로는 파생된 스테이블 위안화가 암호화폐 생태계에서 마구 돌아다닐 수도 있게 되는 것이다. 결국 중국의 중앙은행이 디지털 1위안을 발행한 순간, 거기서 파생된 암호화폐들이 바이러스처럼 번식해 퍼질 수 있다는 뜻이다.

실제로 중국이 거래소도 막고 채굴도 막으며 암호화폐를 죽이려고 했지만, 결과가 어땠는가? 테더 같이 달러와 연동된 스테이블 코인이 떴다. 중국인들이 비트코인을 사고 싶은데 위안회가 막혀 있으니 스테이블 달러를 구입한 것이다. 이처럼 디지털 위안화를 만들면 오히려 암호화폐 플랫폼에서 스테이블 위안화가 나올 수 있고, 중국인들은 쉽게 비트코인으로 바꿀 수 있게 된다.

말 그대로 '교환'의 의미처럼 거래소에서 코인과 코인을 교환하는 것을 스왑이라고 한다. 내가 원하는 호가에 맞는 코인이 있으면 교환하는 것이다.

현재 암호화폐를 사고 팔려면 거래소를 이용한다. 그리고 비트코인, 이더리움, 그 밖의 암호화폐를 사려면 내 은행 계좌가 있어야 한다. 은행에서 거래소로 돈을 보낸 뒤에야 코인을 살 수 있기 때문이다. 따라서 정부 입장에서는 거래소를 통제하는 게 어렵지 않다. 은행을 통제하면 연결된 거래소도 따라서 통제할 수 있으니까 말이다. 그런데 비트코인과 이더리움끼리 직접 거래하는, 즉 스왑하는 거래소가 있다면? 중간에 은행을 통할 필요가 없어진다.

여기서 좀 더 나아가면 거래소 자체가 필요 없고 프로그램만 존재하는 것도 가능해진다. 이를 'DEX(덱스)'라고 하는데 '탈중앙화 거래소'를 뜻한다. 그러면 탈중앙화 거래소에서 비트코인과 이더리움의 스왑 거래가 가능하기 위해선 가장 필요한 게 무엇일까? '얼마나 안전한가'가 가장 중요한 것 아닐까? 탈중앙화에는 여러 장점이 있지만, 딱 하나 단점이 있다. 사람들이 처음에 진입을 못 한다는 것이다.

덱스에서는 비트코인으로 이더리움을 거래하고, 이더리움에서 다른 클레이로 거래가 되는데 처음에 어떻게 원화나 달러를 바꾸냐가 문제가 되지 않는가. 이때 필요한 게 바로 스테이블 코인이다. 달러랑 연동되거나 위안화랑 연동되어 있는 코인이 은행 계좌 필요 없이 스왑되기 때문이다.

만약 중국이 대대적으로 디지털 화폐를 만들면 그게 탈중앙화 거래소에 공식적인 기축통화가 될 수 있다. 그럼 중국 정부가 그걸 용납할 수 있을까?

중국의 계획은 결국 신원 인증이다. 지금과 같은 암호 인증 방법을 어떻게든 막고, 내가 누구인지를 증명해야 화폐를 옮길 수 있게 만들 것이다. 그리고 이런 문제 때문에 결국에 위안화 CBDC는 보편 화폐가 될 가능성이 작아지게 된다. 당연히 거래가 상당히 제한될 수밖에 없기 때문이다. 매번 거래할 때마다 신원 인증을 해야 하는 화폐를 여러분은 자주 사용하겠는가?

홍사훈 : **결제 속도가 빠른 코인이 등장하면 비트코인은 퇴출 당하는 것인가?**

처음 개발된 컴퓨터는 박물관에 소장돼 있지 이제는 사용하지 않는 것처럼, 비트코인도 첫 번째 블록체인 플랫폼이니 기술적으로 업그레이드된 코인이 등장할수록 역사 속으로 사라질 것으로 생각하는 이들이 많다. 특히 한국 코인 투자자들이 이런 주장을 펼치며 비트코인 대신 다른 코인들에 투자하는 경향을 보인다. 과연 옳은 판단일까? 새롭다고 모든 게 좋은 것은 절대 아니다. 특히 화폐는 신용, 즉 도덕성이 중요시되기 때문이다.

비트코인은 현존하는 수천 가지 코인 프로젝트와 극명한 차이점을 가지고 있다. 비트코인은 실체가 없다. 창시자가 누군지도 모른다. 정부 입장에서는 대화할 창구가 없다. 불법으로 옭아매고 싶어도 누구를 감옥에 보내야 할지도 특정할 수 없다. 주인이 없기에 변화를 강제할 수도 없다. 수량을 늘리고 싶어도 한정돼 있기에 불가능하다. 이처럼 주인도 없고, 변화 가능성도 없기에 역설적으로 비트코인은 가장 안전한 코인이며 오래도록 살아남을 거라 확신한다.

05

오픈AI의 월드 코인,
전 세계인의 생체 정보를 거머쥘까?

챗GPT를 개발한 오픈AI가 3년 전부터 개발한 신원 인증 관련 '월드 코인WLD'이 세상에 등장했다. 오픈AI는 지난 7월 한국에 사무실을 열고, 홍채 스캔을 통해 자신의 생체 정보를 제공하는 고객에게 공짜로 월드 코인을 나눠주기 시작했다(홍채 인식 없이 직접 코인 구매도 가능하다).

홍시훈 : 전 세계인에게 기본소득을 지급할 수단으로 코인을 개발했다고 하는데 이게 무슨 뜻인가?

우선 오픈AI의 인기 때문에 월드 코인이 큰 주목을 받고 있지만 신원 인증과 관련한 코인 프로젝트들은 기존에도 이미 많이 있었다. 그런데 하필이면 왜 신원 인증, 우리나라를 예로 들면 주민등록증 관련 코인을 만들었을까?

잘 알려지지 않은 사실이 있다. 놀랍게도 전 세계 80억 인구 중에서 현재 10억 명 정도가 신원 인증이 안 된다고 한다. 출생 신고가 없는, 말 그대로 세상에 자신의 존재를 증명할 자료가 없는 '노 도큐먼트 퍼슨No Document Person'이 세계 인구의 10%가 넘는 것이다. 심지어 저개발 국가는 40% 정도라는 이야기도 있다. 이처럼 자신의 신분을 증명할 방법이 없으면 금융 서비스를 이용할 방법이 없다. 은행 거래뿐만 아니라 신용카드를 만들지도 못한다. 바로 이들을 위해 오픈AI가 최첨단 IT기술과 생체 인식 기술을 활용해 개인 신분증을 만들어주겠다는 것이다. 아무런 대가 없이 자신의 생체 정보를 내놓을 사람이 얼마 없을 것 같으니 공짜로 코인까지 주면서 말이다.

그러나 전 세계인의 생체 정보, 즉 아이덴티티를 갖는다는 것은 단순히 기업 입장에서 전 세계 80억 명의 개인 정보를 이용해 사업에 도움이 되는 수준이 아니다. 개인 정보 수집은 악용될 수 있는 위험성이 상존하는 무척 민감한 주제다.

물론 오픈AI는 생체 정보를 자신들이 보유하는 게 아니라 암호화해서 블록체인에 올리기 때문에 안전하다고 강조한다. 그러나 홍채를 인식하는 기계에 몰래 정보를 취합하는 백 도어를 심을 수도 있고, 기계 자체가 해킹당할 수도 있는 등 다양한 위험이 있을 수밖에 없다. 지금은 코인이 출시된 지 얼마 안 돼 크게 주목받지 못하고 있지만, 개인 정보를 중시하는 유럽연합 같은 곳도 이를 유심히 들여다보고 있을 게 분명하다. 알다시피 메타와 구글도 개인 정보를 활용하다가 공격받은 전력이 있다.

무엇보다 블록체인 자체가 신원 인증이 가능한 기술이다. 실제로 비트코인은 인류가 만든 가장 좋은 등기소라고 할 수 있다. 비트코인 시스템은 현재 전 세계에 흩어진 1만 개가 넘는 장부들이 서로 연결돼 있다. 이것이 어떤 의미인지 간단히 생각해보자. A라는 청년이 취업을 위해 대학 졸업 증명서가 필요한 상황이다. 당연히 대학 홈페이지를 방문해 졸업 증명서를 다운받으려고 했는데, 대학 서버가 해커의 공격으로 마비됐다. 결국 A씨는 직접 대학을 방문해 수작업으로 가까스로 증명서를 발급받아야 했다. 이것은 한 예일 뿐이다. 해커가 백 도어를 타고 들어가 멋대로 기록을 수정하거나 아예 말소할 수도 있다. 그러나 만약 졸업증명서가 비트코인 시스템에 있다면 어떨까? 해킹이 불가능해진다. 졸업 증명서를 한 장부에 올리는 순간, 전 세계 1만 개의 장부에 동시에 증명서가 올라가게 된다. 그 어떤 해커도 건드릴 수 없는 것이다.

비트코인이 처음 세상에 등장했을 때 나 역시 이를 등기소로 이용하면 좋겠다고 생각했다. 신원 증명뿐만 아니라 재산 사항 등록도 충분히 가능하다는 것은 비트코인이 국가의 역할을 대체할 수도 있다는 엄청난 의미이기 때문이다. 실제로 신원 증명, 소득 증명, 재산 증명 어느 하나 제대로 서비스를 못 하고 있는 나라들이 즐비한 게 현실이다. 블록체인 기술이 주목받은 이유 중의 하나가 이런 신원 증명이 가능하다는 점이기도 했다.

이렇게 블록체인 기술 자체에 신원 증명 가능성이 충분한 상황에서 오픈AI가 홍채 인식을 통한 생체 인증으로 신분증을 만들어주겠다고 나선 것이다. 당연히 의심의 눈초리가 쏠릴 수밖에 없는 일이고, 오픈AI는 이를 인권단체가 좋아할 만한 '기본소득*'으로 포장하고 있는 상황인 것이다.

> **홍사훈 : 코인을 공짜로 나눠주며 기본소득 개념을 끌어왔다는 게 독특하다.**

우리나라 정치권도 기본소득을 도입하느냐 마느냐로 시끄러운데, 흥미롭게도 정치권이나 인권에 관심 있는 시민단체 외에 '기본소득'을 강력히 주장하는 곳이 있다. 바로 실리콘 밸리의 빅테크 기업들이다. 빅테크 기업들이 왜 기본소득을 주장하는지 고개를 갸우뚱할 이들이 많을 텐데, 자기들이 내놓는 각종 최첨단 서비스로 점점 일자리가 사라지고 있기 때문이다. 과거에는 10명의 노동력이 필요했던 일이 빅테크 기업이 개발한 기술로 딱 1명만 필요해지면 어떤 일이 벌어질까? 일자리를 잃는 이들은 소득이 줄어들 수밖에 없고, 빅테크 기업들이 내놓는 서비스를 이용하는 비율이 줄어들 수밖에 없다. 빅테크 기업으로서는 자신들이 만든 기술로 자신들의 생존이 위협받는 외통수에 걸리는 것이다. 그래서 국

---

* 기본소득: 재산·노동의 유무와 상관없이 모든 국민에게 조건 없이 빈곤선 이상으로 살기에 충분할 만큼 지급하는 월간 생계비를 말한다. 토머스 모어의 소설 『유토피아』에서 처음 등장한 개념으로, 무조건성·보편성·개별성을 특징으로 한다. – 네이버 시사상식사전

가가 기본소득을 제공해 소비자들의 지갑을 채워달라고 요구하는 것이다. 그래야 지갑을 열고 자신들의 서비스를 이용할 테니 말이다.

홍사훈 : 오픈AI의 의도대로 월드 코인이 성공할 수 있을까?

오픈AI보다는 오히려 다른 기업에 주목할 필요가 있다. 전 세계 80억 명에 대한 신원 인증의 야심을 가지고 실현 단계에 있는 회사가 있기 때문이다. 어디일까? 바로 전 세계 시가총액 1위 그룹 '애플'이다. 흔히 애플을 하나의 세계라고 하는데, 이 말에는 실제로 무서운 의미가 숨겨져 있다.

알다시피 애플에서 출시하는 모든 기기는 전부 다 연동된다. 한 기기에서만 신원이 인증되면 다른 기기에서 별도의 인증 없이 편하게 사용할 수 있다. 애플을 한 번 사용하면 타사 제품으로 옮겨가기 어렵다고 말하는 사람들이 많은데, 바로 이런 뛰어난 연동성 때문이다. 이처럼 애플이 자사의 기기에서 개인이 사용한 거래 기록들, 예를 들어 신용카드 사용 기록부터 버스·지하철 이용 기록, 하다못해 게임 사용 기록 같은 데이터들을 관리한다는 것은 엄청난 의미를 지니고 있다. 바로 그 사람의 아이덴티티를 완벽히 장악할 수도 있기 때문이다. 이것을 거꾸로 얘기하면, 애플이 어느 순간 기기 사용을 막으면 개인은 아무것도 이용하지 못할 수도 있다는 뜻이다. 애플이 개인의 삶을 완벽히 지배하고 통제하게 될 수도 있게 되는 것이다.

결국 애플이 자사의 시스템 안에서 개인 정보를 다루는 방식이 '중앙화된 신원 인증'이라면, 오픈AI는 애플과 달리 개인 정보를 탈중앙화시켜 관리하겠다는 것이다. 그리고 이더리움의 비탈릭 부테린 역시 SBT*라는 개념을 내세워 암호화폐의 신원 증명에 주목하고 있다. 따라서 암호화폐 시장이 다시 뜨겁게 달아오른다면 화두는 '신원 인증'일 가능성이 크다.

정리하자면, 현재 전 세계 80억 인구의 신원을 인증하는 방법은 주민등록증, 운전면허증, 여권 등 나라마다 다양하다. 그런데 공통으로 사용할 수 있는 아이디를 홍채 인식을 통해 발급한다는 발상, 기본소득 개념을 통한 코인 무료 지급, 챗GPT라는 최첨단 AI 기술로 세계를 열광시킨 오픈AI가 그 주인공이라는 점이 월드 코인이 주목을 끌고 있는 원인이라 할 수 있다.

오픈AI의 의도대로 월드 코인이 전 세계인의 새로운 신분 증명 방법의 대안으로 떠오를 가능성도 물론 있다. 그러나 성공 가능성이 커질수록 그에 비례해 기술적 문제부터 인권 문제까지 다양한 십자 포화가 시작될 것 또한 예상된다. 무엇보다 탈중앙화된 신원 인증 조건들을 100% 충족시키기에 아직은 기술 발달 수준이 충분치 않기 때문이다. 또한 개인별 홍채 데이터를 따로 보유하지 않고 있다는 점도 증명해야 하는데, 입증 자체가 쉽지 않은 것도 문제다. 오픈AI 자체도 아직 갈 길이 멀고, 월드 코인은 첫 시도에 불과하다고 말한 바 있는데, 관심을 가지고 지켜볼 문제다.

---

*   SBTSoulbound Token: 지갑 소유자들의 신원을 나타내는 정보를 담고 있는 전송 불가능한, 혹은 귀속된 토큰을 말한다. SBT는 '영혼이 묶인' 토큰이라는 의미로 게임의 '귀속 아이템'과 유사하다. – 매일경제

3

김영익

침체하는 미국, 숨 고르는 중국,
부활하는 일본, 한국의 앞날은?

01

미국, 진짜 경기 침체가 올 것인가?

현재 미국의 상황만 놓고 보면 경기 침체와는 거리가 멀어 보인다. 정부가 강력하게 추진 중인 IRA도 말만 '인플레이션 감축법'이지, 거꾸로 인플레이션을 늘리고 있다. 또한 반도체법 등을 통해 일자리가 늘어나며 인플레이션 상승해 연준이 금리를 5.5%까지 거침없이 올렸다. 그 결과 강달러가 되니 전 세계의 돈이 또 미국으로 쏠리는 모습을 보여주고 있다. 이런 모습을 보고 미국이 뜨겁지도 차갑지도 않게 적절한 호황으로 가는 골디락스 존에 들어간 게 아니냐고 판단하며, 미국의 경기 침체에 회의적인 이들도 많다.

홍사훈 : 현재 미국을 보면 주가도 오르고 있고, 물가도 내려가고 있다. 그럼에도 경기 침체를 전망하는 이유는 무엇 때문인가?

구체적인 수치를 보자. 2022년 6월 미국 소비자물가 상승률이 전년 대비 9.1%로 무려 40년 4개월 만에 최고치를 기록했지만, 올해 6월에는 3.0%까지 떨어지며 인플레이션이 조금씩 잡히고 있는 모습이다. 고용시장도 좋아 겉으로 보면 경기 침체를 우려할 만한 상황이 아닌 것처럼 보인다. 그러나 활황이 언제까지 계속될 수는 없다. 물가를 잡기 위해 금리를 올린 만큼 가계 소비와 기업 투자가 줄어들 수밖에 없으며, 그 결과

▶ **미국 소비자물가 추이**　　　　　(단위: %)

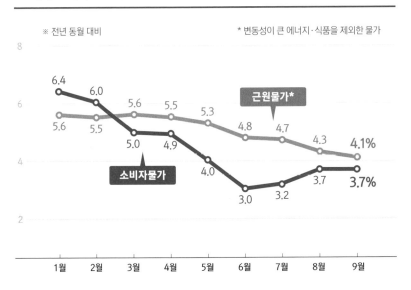

자료: 미국 노동부

실물 경제가 침체에 빠질 위험성이 높아지고 있다. 실제로 미국은 올해 경제성장률을 2.2%(11월 1일)로 잠정 집계하고 있지만, 내년에는 1.0%로 떨어질 것으로 예상하고 있다.

왜 미국은 경제성장률을 하향 조정하고 있을까? 문제는 소비에 있다. 우리나라는 GDP 중에서 소비가 차지하는 비중이 46%이지만, 미국은 '소비의 나라'라는 말처럼 소비가 성장을 견인하는 나라다(2022년 기준 69%). 투자 쪽으로 보면 삼성전자, TSMC 등 글로벌 반도체 기업과 자동차, 2차 전지, 디스플레이 업체들의 미국 내 투자가 대폭 증가하고 있지만, GDP의 69%를 차지한 소비가 줄어들고 있어서 큰 영향을 끼치지는 못한다.

실제로 미국 GDP를 지탱하는 소비 비중이 줄어드는 조짐이 나타나고 있다. 물가가 오른 만큼 임금이 오르지 않으니 가계의 실질가처분소득이 줄어들고 있는 것이다. 가계 이자 부담도 늘어나고 있다. 가처분소득의 약 1.9%를 이자로 내고 있었는데, 최근 2.7% 정도로 올라갔다. 여기에 원금까지 갚는다고 치면 소득의 10% 정도를 부채 상환에 쓰게 되니, 그만큼 팍팍해진 살림살이에 소비를 줄일 수밖에 없다.

금리가 상승하는 경우, 통계에 따르면 12개월에서 17개월 뒤부터 소비가 집중적으로 줄어드는 모습을 보이는데, 실제로 얼마 전부터 소비 증가세가 둔화하고 있다. 소비가 줄어드니 내구재 수입도 4, 5, 6월 연속 감소하고 있다. 코로나 팬데믹 기간 풀린 돈으로 자동차, 전자제품 같은 소비가 크게 늘었는데, 소득이 감소하며 구매가 줄어든 것이다. 그 결과 우리나라의 대미 수출 증가세도 둔화하고 있다. 올 1월까지는 중국 수출 감소분을 미국 수출 증대로 메우고 있었는데 4월부터 상황이 바뀌었다.

가계 저축률도 당연히 급감하고 있다. 저축률이 2022년 3.3%까지 떨어졌고, 신용카드 사용은 사상 처음으로 1조 달러를 돌파했다. 월급은 줄어들고 있는데 쓸 돈이 없어 빚을 내고 있다는 뜻이다. 그 결과 앞서 말한 대로 가계 이자 부담 역시 역대 최고 수준이다.

미국 주택 구매자들 사이에 가장 인기 있는 30년 고정 모기지(주택담보대출) 금리도 2002년 이후 21년 만에 최고치인 7%를 넘어섰다. 이렇게 모기지 금리가 오르다 보니 최근 주택 매매량도 계속 하락하고 있다. 애틀랜타 연방준비은행의 발표에 따르면, 올해 7월 기준 미국 중위 가구 소득의 44%가 주택 원리금 상환에 쓰인 것으로 나타났다. 이는 2006년 이후 최고 수준이다. 결국 집값도 조만간 떨어질 가능성이 큰 것이다.

홍사훈 : 미국 가계가 어려워지면 기업에도 영향이 갈 것 같은데?

미국 기업들도 상당히 부실해지고 있다. 금리가 급격하게 올라 이자 상환, 원금 상환을 못하는 기업이 늘어나고 있는데, 미국 기업 부채가 역사상 최고치에 접근했다. GDP 대비 40% 정도 됐던 기업 부채 장기평균이 최근 50% 정도까지 오른 것이다.

이런 상황에서 금리가 더 오르면 부채도 더 커질 수밖에 없고, 기업은 결국 투자를 줄일 수밖에 없게 된다. 현재 우리나라 상장기업 중에서도 한계기업(지난 3년간 영업이익으로 이자도 못 갚는 기업)이 18%에 달하는데, 미국도 구체적인 수치는 없지만 굉장히 많은 것으로 알고 있다.

기업의 악화로 고용률도 줄어들고 있다. 여전히 고용이 늘고는 있지만 증가세가 둔화하는 것이다. 실제로 실업수당 청구권이 작년 9월 19만 건에서 최근 26만 건으로 꾸준히 올라가고 있다. 실업자가 서서히 늘어나고 있다는 뜻이다. 미국 경제는 경제적 탄력성, 유연성이 높은 나라다. 예를 들어 2020년 3, 4월에 코로나19로 소비가 줄어들자 미국 기업들은 두 달 사이에 일자리를 2,200만 개 줄여버렸다. 10년 동안 늘었던 일자리를 한순간에 줄여버린 것이다.

미국 은행들의 문제도 주의 깊게 살펴볼 필요가 있다. 실리콘밸리은행SVB이 파산하고 퍼스트리퍼블릭은행First Republic Bank이 폐쇄돼 JP모건에 인수되며 위기가 일단락된 것처럼 보이지만, 위기는 여전히 진행 중인 것 같다. 두 은행이 문제가 된 것은 과다한 채권(국채) 투자 손실 때문이었다. 국채 가격 폭락을 견디지 못한 것이다.

이런 미국 국채 가격 하락은 우리나라 금융기관에도 크게 영향을 미치는데, 특히 보험회사들이 미국 국채를 많이 보유하고 있다는 점에서 주의가 필요하다. 정확한 자료는 나오지 않았지만, 많은 보험회사들이 50% 정도를 채권으로 운용하고 있는데, 그중에 미국 채권 수익이 마이너스를 기록하고 있을 것으로 보인다. 과연 악화한 실적이 보험회사를 위험에 빠뜨릴 정도인지, 아직까진 견딜 만한지, 두고 볼 일이지만, 정작 더 큰 문제는 미국 국채보다는 국내 부동산 PF나 해외 상업용 부동산 같은 투자에서 나는 손실이라고 본다. 엎친 데 덮친 격으로 미국 국채 가격까지 뚝 떨어지면 이게 트리거가 되는 게 아닌가 하는 걱정이 드는 것이다.

미국 은행 문제로 돌아가 보자. 실리콘밸리은행과 퍼스트리퍼블릭 은행의 문제는 국채 가격 폭락이었지만, 사실 은행들이 망하는 경우는 대부분 빌려준 돈을 못 받을 때 발생한다. 이런 점에서 미국 중소형 은행들 또한 위기가 올 수 있다. 금리 상승으로 소비, 투자가 위축돼 경기가 나빠지면서 은행에서 빌린 돈을 못 갚는 기업이 늘어나고 있기 때문이다. 무엇보다 미국 중소형 은행들의 대출 63%가 상업용 부동산에 몰려 있는데, 상업용 부동산 가격이 앞으로 더 떨어질 가능성이 크다는 것이 문제다.

이렇게 금리 상승으로 GDP의 69%를 차지하는 가계 소비가 줄어들고 기업들이 이자 부담과 매출 하락으로 투자를 줄이면, 파산하는 기업들도 증가할 것이다. 말 그대로 경기 침체가 오는 것인데, 그런 뒤에야 금리가 떨어지게 될 것이다.

홍사훈 : **미국 국채 금리의 급등도 심각한 문제다. 바꿔 말하면 국채 가격이 급락하고 있다는 뜻인데, 원인은 무엇이며 우리 경제에 미치는 영향은 어떤가?**

미국 10년물 국채는 가장 인기가 높은 안전자산인 만큼, 미국의 금융기관과 투자은행을 비롯해 연기금들이 굉장히 많이 보유하고 있다. 그런데도 국채 금리가 급등한 데에는 여러 이유가 있다. 우선 2008년 금융위기 이후로 미국 연준은 경기를 살리기 위해 제로에 가까운 기준금리를 쭉 유지해왔다. 여기에 코로나 팬데믹이 터지며 경기 침체를 막기 위해 막대한 달러를 시장에 뿌렸다. 그만큼 물가가 급등하며 인플레이션 압력이 걷잡을 수 없을 정도로 커져 결국 2022년부터 그동안 유지하던

▶ **미국 국채 금리 추이**   (10년물 종가 기준)

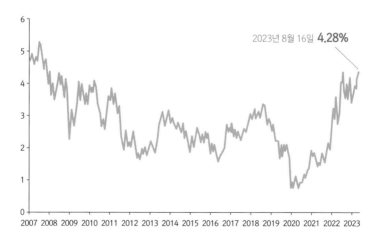

자료: 미국연방준비은행(FRED)

양적완화에서 긴축으로 통화정책을 전환할 수밖에 없었다.

문제는 연준의 긴축으로 미국 국채 수요가 감소하고, 공급이 증가(가격 하락, 수익률 상승)할 수밖에 없게 됐는데, 여기에 기존 최대 수요국이었던 중국을 비롯한 다른 국가들도 미국 국채 보유량을 줄이고 있다는 점이다. 한마디로 국채를 팔 곳도 사줄 곳도 줄어드니, 금리는 더욱더 가파르게 올라갈 수밖에 없는 것이다.

과거 연준은 양적완화로 국채를 매입해 달러를 풀었다. 그런데 지금은 거꾸로 갖고 있던 국채를 한 달에 몇백억 달러씩 매도해 국채 가격이 폭락하고 있다. 금리가 더 오르면 당연히 줄이게 될 텐데, 아직까진 견딜 만하다고 생각하는 것 같다. 전문가들도 5% 이상 금리가 오를 수 있다고 조심스럽게 예상한다. 경제력에 비해 아직도 금리가 지나치게 높다고 평가하는 것이다.

미국의 10년물 국채 수익률은 명목금리(실질금리+물가상승률)다. 명목 GDP 성장률과 10년 국채 수익률을 보면 장기적으로는 거의 같다. 미국 의회에서 추정한 미국의 명목 잠재성장률이 4%이기에 금리도 4%가 적정 수준이라는 뜻이다. 여기서 벗어나면 시장 조정에 의해 국채 가격이 내려가기 때문에 일부 수요가 있을 거라고 기대히는 것으로 보인다.

그런데 기대가 어긋나 5% 이상으로 계속 오르면 어떻게 될까? 미국으로서도 이자 부담이 심각해질 수밖에 없다. 부채가 220%를 넘긴 일본과 비교할 바는 아니지만, 미국 연방정부의 부채도 GDP 대비 120%를 넘긴 상태라 금리가 올라가면 공무원 월급을 못 줄 상황이 발생할 수 있다. 물론 아직까진 견딜 만하다고 판단하고 있는 것 같은데, 5%를 넘으면 미국의 정책 방향도 달라지지 않을까.

국채 가격이 폭락한다면 이른바 마진 콜(준비금)이 부족해져 달러를 빌리고 빌려주는 유동성에 문제가 생길 수도 있다. 2008년도는 부동산 문제 때문에 미국이 금융위기를 겪었지만, 만약 금리가 7%~8%까지 급등하면 이번에는 국채 발 금융위기가 터질 가능성도 있다. 물론 거기까지는 가지 않으리라 보지만.

최근 금리 오르는 속도를 보면 우리 금리가 훨씬 더디게 오르고 있다. 우리나라 10년물 국채 수익률은 작년 10월에 4.6%까지 올라갔는데, 여전히 4% 안팎이다. 미국은 작년 10월 수준을 훨씬 넘어선 상태다.

> **홍사훈 : 중국과의 패권 전쟁이 미국 국채 하락의 원인 중 하나로 꼽히는데?**

알다시피 미국은 국채를 워낙 많이 찍어낸다. 그럼에도 그동안은 찍어낸 만큼 사주는 곳, 특히 중국이 있었기 때문에 가격이 유지될 수 있었다. 2001년 중국이 WTO(세계무역기구)에 가입한 뒤로 2022년까지 미국의 대중 무역적자가 6조2,000억 달러에 달한다. 중국이 그만큼 미국에 제품을 수출해 돈을 많이 벌었다. 그리고 그 돈으로 미국 국채를 샀다. 미국은 제품이 아닌 달러를 중국에 수출한 것이다. 미국 소비자 입장에서는 중국산 상품도 싸게 살 수 있고, 국채 판매로 금리는 낮아지고, 집값도 주가도 올라 행복했다.

그러나 중국이 미국의 국채 보유를 줄이고 있다. 2013년 무렵엔 1조 2,700억 달러의 미 국채를 매입 보유하고 있었다. 그러나 미 재무부에서 월별로 발표하는 2023년 8월 통계를 보면 8,054억 달러로 보유량이 많이 줄어든 것으로 나타난다. 지금도 계속 팔고 있다(중국만 아니라 다른 나라들도 미 국채 보유량을 줄이고 있다).

현재 상황을 '투키디데스의 함정'*으로 표현하는 이들이 많다. 중국이 미국 GDP의 70%를 넘어서며 턱밑까지 쫓아오자, 미국이 전 세계 패권을 놓고 중국과 전쟁을 벌이고 있다는 것이다. 전통적인 무역전쟁에서 최근에는 최첨단 기술전쟁과 금융전쟁으로 옮겨가는 모습을 보이고 있는데, 중국이 미국 국채 보유량을 줄이고 있는 것은 미국 금융시장을 흔들겠다는 반격의 의도로 해석할 여지도 있다는 뜻이다.

---

* 　투키디데스의 함정: 그레이엄 앨리슨이 『불가피한 전쟁Destined for War』에서 펠로폰네소스 전쟁이 급격히 부상하던 아테네와 이를 견제하려는 스파르타가 빚어낸 구조적 긴장 관계의 결과였다며 이를 '투키디데스의 함정'이라 불렀다. 새로 부상하는 세력이 지배 세력의 자리를 빼앗기 위해 위협할 때 극심한 구조적 긴장이 발생하는 현상을 말하는 것으로, 지난 500년간 세계에서 발생한 투키디데스의 함정은 16차례였고, 그중 12차례가 전면전으로 이어졌다는 것이 그의 설명이다. – 한경 경제용어 사전

또한 최근 달러 가치가 올랐지만, 작년 10월 DXY*가 114였다. 문제는 지속적인 하락 추세를 보이고 있다는 점이다. 달러 지수의 하락은 미국 달러의 세계 통화라는 지위에 악영향을 끼질 수밖에 없고, 중국이 이런 점도 염두에 두고 있는 것 같다. 물론 중국으로서는 미국 국채를 팔면 팔수록 굉장히 큰 손해를 보고 있을 것이다.

미국 입장에서는 국채를 안 찍어낼 수도 없고, 팔 데도 없는 상황에서 금리가 폭등하면 결국 과거처럼 연준이 다시 국채를 사주는 수밖에 없다. 그리고 이 말은 연준이 다시 양적완화로 돌아선다는 것을 의미한다. 그러나 여기에는 미국 물가상승률이 낮아져야 한다는 전제 조건이 있다. 그런데 물가상승률이 낮아지려면 미국 경제가 침체에 빠져야 한다. 소비가 줄어들면서 수요가 줄어들어야 물가 상승이 낮아지기 때문이다. 그렇게 되면 연준이 양적완화를 다시 할 수 있는데, 그러면 미국이 정말 어려운 상황에 직면할 수 있다.

따라서 어렵겠지만 미국은 '증세'를 해야 한다, 국채를 찍어 재정을 보충할 생각 대신 부유층에 미국이 어려우니 국가를 위해 세금을 더 걷자고 설득해야 한다. 실제로 바이든 대통령의 경제 정책 방향이 바로 증세 아닌가. 중산층 회복을 통한 안정적인 성장을 이루려면 정부가 돈이 있어야 하기 때문에 트럼프가 내렸던 법인세를 원위치하고, 부자들에게

---

*   DXYdollar index(달러 인덱스): 유로화, 일본 엔, 영국 파운드, 캐나다 달러, 스웨덴 크로네, 스위스 프랑, 6개국 통화에 대한 달러 가치를 지수화한 것이다. 달러 지수가 하락하면 수출은 증가하되 수입 가격이 상승할 가능성이 있다. 또한 달러 지수의 하락은 글로벌 자산 가격과 원자재 가격에도 영향을 미칠 수 있다. - 시사상식사전

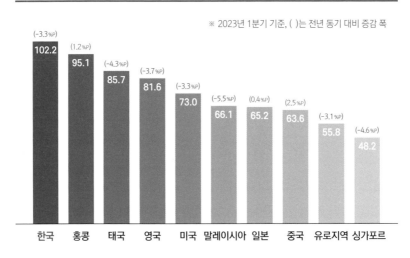

▶ **주요국 GDP 대비 가계 부채 비율** (단위: %)

※ 2023년 1분기 기준, ( )는 전년 동기 대비 증감 폭

(-3.3%P)	(1.2%P)	(-4.3%P)	(-3.7%P)	(-3.3%P)	(-5.5%P)	(0.4%P)	(2.5%P)	(-3.1%P)	(-4.6%P)
102.2	95.1	85.7	81.6	73.0	66.1	65.2	63.6	55.8	48.2
한국	홍콩	태국	영국	미국	말레이시아	일본	중국	유로지역	싱가포르

자료: 경제협력개발기구(OECD)

개인소득세를 더 걷겠다는 것이다. 세금 더 걷어 재정 적자를 줄이면서 중산층을 회복하겠다는 것이다. 문제는 미국 의회에서 반대하다 보니 지금까지 정책을 펼치지 못하고 있는 상황인데, 미국이 살아나는 최선의 방법일 수 있다.

무엇보다 증세는 우리나라도 심각하게 고민해야 하는 문제다. 세수가 줄어들고 있고, 재정이 재정의 역할을 제대로 못 하는 상태이니만큼 증세가 불가피하다. 그런데 미국은 가계 부채를 정부 부채로 떠인아 가계 부채를 떨어뜨리고 정부 부채를 늘린 데 반해, 우리나라는 거꾸로 가계 부채는 늘어나고 있는데 정부 부채는 세계에서 제일 낮은 수준이라는 점이다. 우리 정부가 어느 정도 재정의 역할을 해야 할 시점이란 얘기다.

미국 경제의 대내 불균형이 너무 심해졌다. IMF가 내놓은 2028년까지 세계 경제 전망을 보면 상당히 의미가 깊은데, 올해부터 2028년까지 세계 경제에서 미국의 GDP 비중이 축소할 것으로 전망했다. 앞으로 5년간 달러 가치가 하락할 거라는 뜻이다. 따라서 얼마나 하락하느냐의 문제만 남아 있다.

실제로 연방정부 부채가 GDP의 120% 정도 되고, 대외순부채는 67%나 된다. 이 불균형을 지탱하고 유지하기 위해서는 미국 달러 가치가 하락할 수밖에 없다. 역사적으로 보면 1985년 9월 플라자 합의를 통해 달러 가치가 50% 떨어졌고, 2000년 IT 거품이 붕괴하면서 40% 떨어졌는데, 현재의 시장 불균형을 생각하면 20% 정도는 앞으로 더 떨어질 수 있다고 생각한다. 우리 원·달러 환율도 1,350원대를 넘고 있지만, 중기적으로 보면 달러 가치의 하락 과정에서 일시적인 반등이라고 생각한다. 조만간 다시 환율이 떨어지고 원화 가치도 오를 수 있다고 본다.

미국 주식시장 역시 조정 국면에 들어섰다고 보고 있다. 산업 생산, 소매 판매, 고용 같은 실물 경제나 GDP에 비해 미국 주가가 너무 과대평가되어 있다. 8월 들어 보이는 하락 추세 역시 이런 이유 때문이라고 볼 수 있다.

"나는 앞으로 데이터가 시키는 대로 하겠다." 파월 연준의장이 이렇게 밝힌 바 있다. 그의 말대로라면 미국의 기준금리는 '물가'와 '경제성장률'에 달려 있다. 물가가 오르고, 경기가 좋으면 금리를 올리겠다는 뜻이다. 그리고 데이터 중에서 물가 못지않게 중요한 게 고용 데이터인데, 최근 미국의 비농업 고용지표*가 증가하고는 있지만 그 폭이 줄어들고 있다.

2000년~2020년 미국의 소비자물가 연평균 상승률은 2.1%, 한마디로 '디스인플레이션' 시대였다. 이처럼 미국 물가가 오랜 시간 안정될 수 있었던 데에는 중국의 기여를 빼놓을 수 없다. 중국이 2001년 WTO에 가입하면서 값싼 노동력을 바탕으로 세계의 생산 공장 역할을 했으니 말이다. 미국 월마트에 진열된 상품의 절반 정도가 'MADE IN CHINA'일 정도였으니 미국이 아무리 돈을 풀어도 인플레이션이 발생하기 힘든 구조였다.

이렇게 인플레를 막아줬던 중국도 이제는 임금 상승으로 생산 단가가 오르고, 미국은 미국대로 중국산 수입품에 관세를 부과해 과거처럼

---

* 비농업 고용지표: 농업을 제외한 나머지 분야에서 일자리 창출과 고용이 잘 되고 있는지 계산한 지표. 농업은 가족 단위로 일하는 경우가 많이 노동시장을 제대로 반영하지 못하기에 제외한다. 비농업 고용지표가 증가했다는 것은 경기가 활성화되는 신호로 해석 가능하다. 일자리가 늘수록 소득이 늘고, 소비 또한 증가하기 때문이다. – 네이버 지식백과

상품 값이 저렴하지 않게 되었다. 이제 미국의 디스인플레이션 시대는 저물고 있는 것이다. 따라서 미국 금리는 과거보다는 더 높은 수준을 유지할 수밖에 없다. 경제학 교과서에 나오는 '피셔 방정식(MV=PT)'이 설명하는 것처럼 돈을 풀고 금리를 낮추면 물가가 오르는 것은 당연한 일이다. 특히 앞으로 미국이 금리를 내리기 시작해도, 예전처럼 초저금리의 시대는 이제 끝이 아닐까 싶다.

> **홍사훈 : 미국에 경기 침체가 온다면 어느 정도 세기가 될 거라고 예상하는가?**

2001년 닷컴 버블이 터진 것도 금리 인상이 주된 이유였다. 금리 상승으로 경기 침체가 오며 버블이 터진 것이다. 그리고 몇 년 뒤부터 다시 급하게 금리를 올렸고, 그 결과 2009년 글로벌 금융위기가 터졌다. 현재는 2001년, 2009년의 위기보다 훨씬 더 가파르게 금리를 올리고 있다.

재닛 옐런 재무장관을 비롯한 연준에서는 연착륙을 거듭 이야기하고 있지만, 경제 심리가 급속도로 얼어붙는 것을 막기 위한 일종의 워딩으로 해석된다. 무엇보다 2024년 미국에는 대통령 선거가 있다. 미국 역사를 보면 경제성장률이 2% 미만일 때 재선에 성공한 대통령이 없다는 흥미로운 기록이 있다. 블룸버그 콘센서스에서 발표한 올해 미국 경제성장률 전망치(11월 1일 기준)는 2.2%였다. 내년 2024년에는 더 떨어져 1.0%였다. 블룸버그의 예상이 맞는다면, 바이든 정부 입장에서는 발등에 불이 떨어진 것이다. 지금도 실제 GDP가 잠재 GDP(미 연준이 추정하는 잠재 성장 능력) 밑에 있다. 2023년 1분기에 미국 경제가 2% 성장했지만, 실제 GDP가 잠재 GDP 0.8% 정도 밑에 있다.

따라서 산술적으로만 보면 경기 침체가 가파르게 오는 것 아닌가 걱정할 수 있는데, 연착륙은 힘들지만 경착륙 중에서도 '정도가 약한 경착륙'이 되지 않을까 예상한다. 자산 가격도 오를 때는 과대평가하고 떨어질 땐 과소평가되기 때문에 연착륙이란 불가능하다.

그러나 침체가 오더라도 2008년 금융위기처럼 심각한 위기는 아닐 것이다. 2008년에는 리먼브러더스 같은 대형 은행도 파산을 피할 수 없었는데, 지금은 오히려 JP모건이나 시티뱅크 같은 대형 은행들이 많은 이익을 내고 있다. 중소형 은행에 불안감을 느낀 미국인들이 예금을 대형 은행으로 돌리고 있기 때문이다.

그리고 2008년 금융위기 때보다 기업부채는 늘었지만, 가계 부채는 2007년 가처분소득 대비 137%에 비해 100% 안팎을 기록하고 있다. 2008년 금융위기 당시 미국 정부가 디레버리징deleveraging(부채 축소)을 위해 노력한 결과 가계가 7년보다 상대적으로 건전해진 것이다. 이런 이유로 2008년 금융위기처럼 심각하진 않을 것으로 전망한다.

중국, 진짜 위기인가? 숨 고르기인가?

코로나19 이후 리오프닝에도 좀처럼 살아나지 않는 경기와 부동산 그룹들의 연이은 위기에 중국이 당장이라도 망할 것처럼 뉴스들이 보도되고 있다. 중국의 현재 상황이 어떤지 관심이 쏠리고 있는데, 진짜 뉴스처럼 중국은 망할까? 아니면 과장된 보도일까?

> **홍사훈 : 중국의 경기가 예상보다 좋지 않은 이유는 무엇인가?**

중국의 현재 상황을 제대로 이해하기 위해서는 구조적인 문제를 살펴봐야 한다. 2008년 금융위기가 터지며 전 세계 국가들이 대부분 1980년 이후 처음으로 마이너스 성장을 기록했다. 그러나 2009년~2010년 중국의 경제성장률을 보면 9%~10%를 기록하고 있다. 세계 경제가 어려 웠음에도 이런 고성장을 달성할 수 있었던 이유는 무엇일까? 중국이 엄 청난 투자를 진행했기 때문이다. 예를 들어 세계 GDP에서 투자 비중이 평균 22%인데 반해, 당시 중국은 47%에 달할 정도로 GDP 대비 투자 비 중이 높았다. 세계 평균의 두 배 이상 투자 중심으로 성장한 것이다.

하지만 문제가 있다. 투자를 많이 했다는 것은 기업들이 그만큼 생 산 능력을 늘렸다는 의미다. 한창 경제가 성장하는 과정이라면 소비와 투자 모두 증가하기에 문제가 없다. 그러나 성장이 어느 정도 수준에 달 하면 문제가 불거질 수밖에 없다. 상품이 예전만큼 팔리지 않기 때문이 다. 중국 가정을 예로 들면, 열심히 돈을 벌어 집을 사고, TV, 냉장고, 자 동차를 이미 구입했으니까 한동안은 제품을 다시 구매할 필요가 없어진 것이다. 자연히 매출이 줄어든 기업들 중 파산의 위험에 처한 곳이 늘어 날 수밖에 없고, 이들 기업에 돈을 빌려준 은행 또한 부실해지는 악순환 에 빠지게 된다. 결국 중국 경제가 구조조정을 할 수밖에 없는 상황에 처 한 것이다.

결과적으로 현재 전 세계가 물가 상승으로 고통받는 인플레이션 상 황인 데 반해, 중국은 공급이 수요를 초과하다 보니 소비자물가 상승률 이 0%대에 머물고, 그 결과 생산 활동도 부진해지는 디플레이션을 걱정 해야 할 처지다.

물론 2023년 2분기 경제성장률이 6.3%로 올랐지만, 시장 기대치 인 7%보다는 낮았다. 기본적으로 기업, 은행의 구조조정이 필요한 상황인데, 이를 미루다 보니까 과거처럼 고성장하는 시대는 지났고, 이제는 4%~5% 중성장하는 시대로 접어들고 있다고 볼 수 있을 것 같다.

홍사훈 : **중국 정부가 경기 침체에서 벗어나기 위해 다양한 부양책을 발표하고 있는데?**

앞서 이야기한 대로 그동안 중국은 투자 비율이 가장 높은 국가였다. 반면 소비는 가장 낮은 나라였다. 2021년 기준 미국(68.7%), 일본(53.8%), 한국(46.1%)보다 훨씬 적은 40%밖에 되지 않았다. 이렇게 투자 중심으로 성장하다 보니 공급 과잉 문제가 불거지며 소비 둔화세가 경제 성장의 발목을 잡기 시작했다. 이에 중국 당국은 투자 중심에서 벗어나 소비 중심으로 정책 전환을 바꾸려 노력하고 있다.

대표적으로 금리를 인하해 시장에 돈을 더 풀고, 특히 소비 효과가 큰 자동차, 전자제품 수요를 진작시키기 위해 다양한 정책을 펼치고 있다. 미국 시장보다 훨씬 규모가 큰 자동차 시장을 예로 들면 자동차 구매 시 각종 세제 혜택을 줘 소비자의 구매를 유도하는 중이다. 이와 같은 지속적인 내수 부양 노력으로 최근 중국 성장 구조를 보면, GDP에서 투자 비중은 줄어들고, 소비 비중은 완만하게 늘어나고 있는 것을 볼 수 있다. 무엇보다 중국의 1인당 국민소득이 2019년부터 '1만 달러'를 돌파했는데, 역사적으로 보면 1인당 소득이 1만 달러를 돌파하면 소비가 증가하게 된다. 이처럼 중국 가계 소득의 증가와 함께 정부도 소비를 부양하는 다양한 정책을 내놓고 있어서, 아마도 소비가 서서히 증가할 것으로 보인다.

> ### 홍사훈 : **중국 부동산 문제가 해결될 기미를 보이지 않고 있다.**

간단하다. 일부 경제학자들이 중국의 GDP를 '시멘트 GDP'라고 표현할 정도로 중국 부동산 기업들이 과잉 투자를 했고, 그 결과 부실 투자 문제가 발생한 것이다. 2021년 말 헝다그룹의 채무불이행을 시작으로 완다그룹도 채무를 제때 갚지 못했고, 비구이안도 문제가 불거졌다. 2023년 상반기만 보면, 개발 총투자액이 7.9% 감소했고, 주택 신규 착공도 25%가 급감했다. 무엇보다 미분양 주택이 18% 증가한 것으로 나타났다. 부동산 침체가 심각한 것이 수치상으로도 여실히 나타나는데, 특히 미분양 문제가 심각하다.

그러나 완다그룹이 계열사를 매각해 달러 부채를 해결하는 등 단기적으로 급격한 위기가 닥칠 가능성은 크지 않아 보인다. 중국 당국도 적극적으로 개입해 문제가 터지는 것을 막고 있는 모습이다. 주택담보대출 금리를 인하해주고 대출 규제도 완화해주고 있는데 한마디로 집을 사라는 것이다. 그리고 건설 경기가 워낙 나쁘다 보니까 이미 개발이 완료된 도심 중심지를 벗어나 도심 주변부를 재개발하면서 건설 경기를 어느 정도 활성화하려고 노력하고 있다.

이런 다양한 노력으로 건설 경기가 급격한 침체에 빠지지는 않겠지만, 구조적으로 부실이 여전하기 때문에 최소한 2년~3년 동안은 굉장히 어렵거나 낮은 성장을 할 수밖에 없을 것 같다. 정리하면, 부동산 경기가 예전만큼 활성화되기는 어렵기 때문에 중국 부동산 기업들의 문제 해결에는 상당히 오랜 시간이 걸릴 것으로 전망된다.

홍사훈 : **중국의 경제 위기에 대해 과장됐다는 등 다양한 의견이 나오는데 어떤가?**

중국이 당장이라도 망할 것처럼 이야기하는 이들이 많지만 심각한 위기가 오지는 않으리라 예상한다. 영국의 경제주간지 〈이코노미스트〉가 얼마 전 '미국은 실패하고 있다'는 기사를 게재했다. 중국을 전방위적으로 규제하더라도 멕시코, 인도 등 다른 나라들이 상품을 생산할 때 중국의 중간재를 사용하므로 미국이 의도한 만큼 중국 규제가 효과를 발휘하기가 쉽지 않다는 내용이었다. 실제로 옐런 미 재무장관이 중국을 대체할 공급국을 찾기 위해 인도, 베트남 등을 방문한 바 있는데, 그들 역시 중국에서 중간재를 수입해 상품을 만들어 미국에 수출하는 것은 마찬가지였다.

실제로 중국 위기론은 언론이 지나치게 과장 보도하는 측면도 있는 것 같다. 부동산 문제가 심각하다고 하지만, 97년 외환위기 당시 우리나라 GDP에서 건설업, 부동산업이 차지하는 비중이 16%였던 데 반해, 중

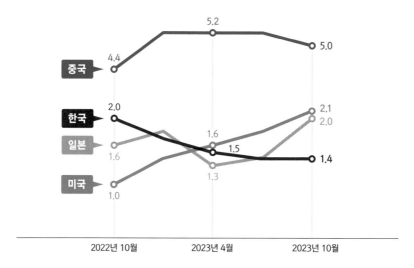

▶ IMF 2023년 주요국 경제성장률 전망치 추이　(단위: %)

중국
4.4　5.2　5.0

한국
2.0

일본
1.6　1.6　2.1
2.0

1.5　1.4

미국
1.0　1.3

2022년 10월　　2023년 4월　　2023년 10월

자료: IMF

국의 건설업, 부동산업 비중은 14%밖에 안 된다. 물론 중국 경제가 투자 중심으로 성장하는 과정에서 기업 부채가 과다해지고, 금융회사가 부실 해진 건 사실이다. 그러나 중국이 미국 다음의 경제 대국임을 잊지 말아 야 한다.

　특히 우리가 97년 외환위기를 겪은 이유는 말 그대로 외화가 부족 했기 때문인데, 현재 중국의 외환보유고는 3조1,000억 달러에 달한다. 외 환을 들여오기 위해 IMF의 무리한 구조조정을 받아들였던 우리와는 입 장이 전혀 다른 것이다. 또한 중국의 잠재성장률은 미국(2%), 한국(1.9%) 에 비해 4%로 세계 평균 잠재성장률(3%)보다 여전히 높다. 중국 경제가 구조조정의 고통을 견디며 질적 성장에 성공한다면, 앞으로 최소한 5년,

10년은 4%~5% 성장이 가능할 것이다.

결과적으로 헝다부터 완다, 비구이위안 등 중국 부동산 시행사들의 부채 문제가 금융 위기로만 번지지만 않는다면, 지금의 사태를 부동산 거품을 제거하는 자연적인 디레버리징 과정이라고 볼 수도 있다. 그동안의 고성장 중심에서 중성장 쪽으로, 양적 성장에서 질적 성장으로 가는 과정에서의 진통이라고 생각할 수도 있다는 뜻이다. 무엇보다 투자 비중은 줄이고 소비 비중을 늘리는 정책 방향으로 바꾸며 그동안 거품이 잔뜩 낀 건설사들을 구조조정하는 모습이 시장에 긍정적인 시그널로 해석될 가능성도 크다.

홍사훈 : **결과적으로 중국 증시를 전망한다면?**

2023년 상반기 전 세계 증시를 보면, 중국 주가가 가장 부진했다. 그러나 앞으로는 상대적으로 괜찮아질 가능성이 커 보인다. 최근 미국 주가가 많이 올랐지만, 대내 불균형이 너무 심하다. 정부 적자가 너무 많고 대외 부채도 너무 많다. 이런 이유로 미국 증시는 하락할 가능성이 크다.

게다가 미국 달러 가치가 하락하면 중국을 위시한 이머징 국가들의 증시가 상대적으로 좋아지게 된다. 따라서 상반기에는 중국보다 미국이 좋았지만, 하반기부터 소비 중심으로 경제성장률이 어느 정도 올라갈 것을 예상하면, 중국의 지수가 미국이나 다른 나라보다 좋을 것으로 전망된다.

그러나 국내 투자자의 경우 중국의 개별기업에 투자하는 데 조심할 필요가 있다. 정확한 기업 정보를 파악하기도 힘들고, 무엇보다 중국의 특수성(중국 당국의 개입)을 고려해야 하기 때문이다. 따라서 직접투자는 웬만하면 삼가고, 펀드나 ETF 등에 간접투자 할 것을 추천한다. 종목을 특정하면 성장 가능성이 높은 2차전지, 전기차 관련 간접투자가 좋을 듯하다. 중국의 전기차 시장이 세계에서 가장 빠르게 성장하고 있고, 심지어 가장 앞서가고 있다는 점에 주목해봄 직하다. 그동안 중국 전기차 관련 ETF가 많이 떨어져 저평가 구역에 진입한 것으로 판단되기 때문이다.

일본 경제는 왜 살아나고 있나?

일본이 다시 세계 경제의 전면에 등장하고 있다. 30년 동안의 장기 경기 침체로 바짝 엎드려 있던 일본이 기지개를 켜고 있는 것이다. 미·중 패권전쟁에서 미국이 일본에 힘을 실어주는 경향이 확연한데, 일본이 과연 어떤 모습을 보일지 이목이 집중되고 있다.

> **홍사훈 :** **일본 경제가 '30년 경기 침체'로 불리는 만성적인 디플레이션에서 벗어나 회복하는 모습을 보이고 있다.**

먼저 인플레이션과 디플레이션을 간략히 짚고 넘어가자. 인플레이션은 물가가 급격히 올라, 돈의 가치가 떨어지는 경제 현상을 말한다. 반대로 디플레이션은 물가가 급격히 떨어지는 것이다. 개인 소비자 입장에서는 당장 물가가 떨어지니 디플레이션을 좋은 현상인 것처럼 느낄 수도 있다. 그러나 국가 경제 전체로 봤을 때는 디플레이션이 인플레이션보다 좀 더 나쁘다. 인플레이션은 정부가 재정 긴축을 통해 잡을 방법이 있는 반면, 디플레이션은 마땅한 대처 방법이 없기 때문이다.

왜 디플레이션은 잡기 힘들까? 물가가 떨어지면 소비가 늘어날 것 같지만, 오히려 안 되기 때문이다. 예를 들어 100만 원짜리 노트북을 사려고 하는데, 6개월 후 가격이 내려갈 거라고 믿는다면 구매자는 어떻게 행동할까? 당장 꼭 필요하지 않은 한 노트북을 사지 않을 것이다. 즉, 물가가 계속 떨어지게 되면 가계는 상품을 싸게 살 미래를 위해 현재의 소비를 줄여버린다.

문제는 가계가 소비를 줄이면 기업 매출이 줄어든다는 데 있다. 매출이 줄어든 기업은 살아남기 위해 무엇을 할까? 여러 자구 노력을 하겠지만 대표적인 방법이 임금 동결이다. 사실 물가가 떨어지니 임금을 올릴 필요도 없다. 그래도 힘들면? 고용을 줄인다. 이렇게 가계 소득이 줄어들면 상품을 살 구매력이 다시 떨어지게 된다. 결국 가계 소득과 기업 이익이 하락하는 악순환에 빠지는 것이다.

이와 같은 장기적인 소비 침체를 겪던 일본의 상황이 최근 바뀌고 있다. 물가가 오르며 디플레이션에서 탈출했다는 얘기가 나오고 있다. 그

(단위: 엔)

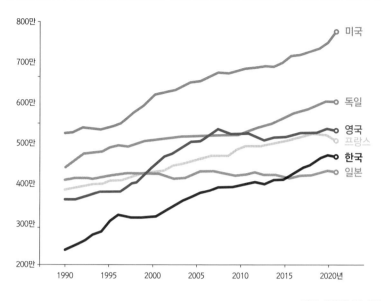

자료: 아사히신문, OECD

렇다면 아베노믹스*로 대표되는 양적완화 등 다양한 정책에도 요지부동
이었던 일본 경기가 왜 이번에는 디플레이션에서 벗어나, 심지어 인플레
이션에 들어갈 기미를 보이는 것일까?

우선, 코로나 팬데믹으로 전 세계가 막대한 돈을 푼 영향이 크다.
전 세계적인 인플레이션이 일본에도 영향을 끼친 것이다. 물가가 오르며
원자재 가격이 급등했고, 최근에는 엔화 가치가 떨어지며 수입 물가도

---

* 아베노믹스Abenomics: 인플레이션 2~3%, 무제한 금융 완화, 마이너스 금리정책 등을 통해
   장기 경기 침체에서 탈피하겠다는 아베 신조의 경제정책을 말한다. - 네이버 지식백과

올랐다. 전형적인 인플레이션의 모습을 보이는 것이다.

일본의 게이단렌經團聯(한국의 전경련)이 기업들에 임금을 올릴 것을 요구한 점도 주목할 필요가 있다. 그동안 일본 노동자의 임금이 오르지 않아 소비가 부진했으니 임금 인상을 요구한 것이다. 실제로 일본 노동자의 임금은 오랜 시간 제자리걸음이었고, 2015년 한국의 평균 임금에 추월당하기까지 했다. 이런 와중에 게이단렌의 요구를 기업들이 받아들여 임금 상승률이 1990년대 이후 처음으로 3%를 넘긴 것이다. 노동자의 임금 상승은 인플레이션을 유발하는 대표적인 요인이며, 특히 임금은 한번 올리면 웬만해서는 다시 내리지 못하기에 언제나 억제 요구밖에 하지 않는한국 재계의 행보와는 다른 점이 자못 흥미롭다.

▶ **일본 증시 변천사**

이처럼 물가가 오르고 임금도 오르자, 꿈쩍 않던 일본인들의 소비가
마침내 증가하기 시작했다. 옛날에는 오늘 물건을 사는 것보다 내일 사
는 게 현명한 소비였는데, 이제는 오늘 물건을 사는 것이 이득이기 때문
이다. 이렇게 소비가 늘며 경제성장률도 오르기 시작했다. 2023년 1분기
세계 경제성장률(연율)을 보면, 미국이 2.2%, 한국 1.3%, 유럽은 0.2%였다.
그에 비해 일본은 3.2% 성장했다. 일본이 미국, 유럽, 한국보다 높은 성적
표를 받은 것이다.

이에 일본 주식시장도 활황을 띄고 있다. 소비자가 물건을 구매하
며 기업 이익이 증가하고 있다는 신호가 나오자 일본의 대표적인 주가지
수인 니케이225가 30,000을 넘어섰다. 무려 30년 만에 1990년 수준까지

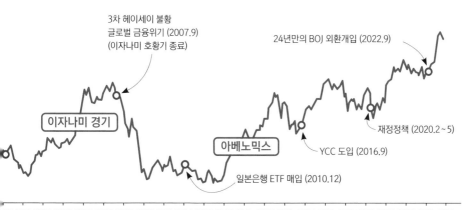

자료: 한화투자증권

회복한 것이다. 아직 전고점 38,000은 돌파 못했지만, 디플레이션에서 벗어난 일본 경제가 어느 정도 성장할 것이라는 기대감이 치솟고 있다.

> ### 홍사훈 : **일본의 반도체 부활 움직임도 증시에 영향을 주고 있는 것 같다.**

일본이 잃어버린 영광을 되찾고자 반도체 제조 드라이브를 걸고 있다. 2022년 도요타, 소니, 소프트뱅크를 비롯해 미쓰비시 은행 같은 금융회사들까지 힘을 합쳐 '라피더스'라는 반도체 연합을 만든 것이다. 알다시피 NEC, 도시바, 히타치, 미쓰비시 등 일본 반도체 기업이 1987년까지 세계 D램 시장의 80%를 장악했었다. 현재 삼성, SK의 D램 점유율(73%)보다 더 막강한 영향력을 행사한 것이다.

그러나 반도체 종주국이었던 미국이 일본의 독주를 막고 떨어진 시장점유율을 높이기 위해 대대적인 반격에 나선다. 반덤핑 관세 부과와 플라자협의(85년), 시장점유율을 제한하는 미·일 반도체협정(86년) 등을 통해 강력한 견제에 나선 것이다. 거기다가 고사양 D램 생산을 고집한 오판으로 인한 수익성 악화까지 겹치며 일본의 반도체 산업은 궤멸하다시피하고 만다. NEC와 히타치가 합작한 엘피다는 2012년 파산했고, 도시바는 2017년 메모리사업부를 매각했다. 2019년에는 파나소닉이 반도체 사업에서 철수했다. 소·부·장(소재, 부품, 장비)은 여전히 세계 최고 수준이지만, 반도체만큼은 일본이 잃어버린 자리를 한국과 대만이 차지한 것이다.

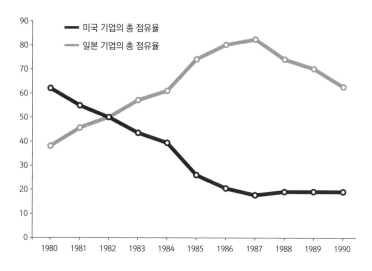

자료: 일본 반도체 역사 박물관

　이런 상황에서 다시 일본에 기회가 찾아왔다. 미국이 자국에서 태어난 반도체 산업을 다시 미국 중심으로 재편하겠다고 공식적으로 밝힌 것이다. 그러며 다시 일본의 손을 들어주는 모습이다. 중국과의 패권 경쟁에 돌입한 상황에서 중국 견제를 위해 다시 일본에 힘을 실어주는 것이다. 일본 정부도 이에 대규모 투자에 나서는가 하면, 보조금도 과감하게 지원하고 있다. 이에 TSMC, 인텔, ASML, 삼성 등 세계적인 반도체 기업들이 속속 진입하는 중이다. 이러다 보니까 과거 세계를 호령하던 일본의 전자산업이 다시 위상을 찾을 수 있지 않을까, 하는 기대와 호재에 주가가 많이 오르는 측면도 있다.

▶ 일본 반도체 드림팀 라피더스 개요

설립	2022년 8월
사명	라틴어로 '빠르다'(속공, 역습 의지)
출자기업	토요타, 소니, 소프트뱅크, 키옥시아, NTT, 덴소, 미쓰비시UFJ은행
정부지원	3,300억 엔(약 3조 원) 외 추가 지원 예정
단기목표	2027년 2나노 공정 파운드리 양산(삼성전자, TSMC와 경쟁)

모두가 박수를 보내는 것은 아니다. 라피더스를 비판하는 이들은 일본 전자업체들이 자발적으로 모인 게 아니란 점을 지적한다. 일본 정부가 판을 깔고 끌고 가는 형국이라, 혁신이 필요한 시기에 과연 발 빠르게 상황을 판단하고 결정력을 발휘할 수 있을지, 즉 경쟁력이 있을지 의심하는 것이다. 그러나 세계적인 반도체 전문가들은 일본이 반도체 테스트에 가장 좋은 입지를 가지고 있다고 말하고 있다. 자동차용 반도체 수요가 갈수록 늘고 있는데 일본에는 세계 1위 자동차업체인 토요타가 있고, 전자업체로 소니가 있고, NTT 같은 통신회사가 있으니 빠른 속도로 테스트가 가능하다는 이유에서다.

그 밖에 워런 버핏이 TSMC에 투자한 자금을 빼내 일본 종합상사 그룹에 투자하고, 블랙스톤을 비롯한 글로벌 투자 펀드도 일본에 투자했다는 소식이나 미·중 패권 전쟁이 심화하리란 전망에, 중국에 투자했던 주식형 펀드 자금들이 일본으로 유입되며 증시가 오르고 있는 것으로 보인다.

일본은 전 세계에서 거의 유일하게 기준금리뿐만 아니라 시장금리까지 중앙은행이 통제하는 나라다. 이런 상황에서 인플레이션이 불붙기 시작하면 막을 수 있는지, 지금의 상황을 좋아할 게 아니라 제2의 잃어버린 30년이 시작될지도 모른다는 두려움이 있는 것이다.

일정 부분 공감한다. 디플레이션에서 벗어나 물가가 오르면 금리를 올릴 수밖에 없는데, 문제는 일본 중앙은행이 그동안 기준금리를 0%로 계속 유지 중이고, YCC*를 통해 10년물 국채 금리도 0%대로 강제로 유지해왔다는 점이다.

이게 왜 문제가 될까? 물론 가계 소비도 늘고 기업 투자도 늘면 세수도 많이 걷혀 정부 부채가 낮아질 수 있다. 그러나 GDP 대비 230%가 넘는다는 정부 부채가 문제다. 선진국 평균이 110% 정도인데 2배 가까이 되는 엄청난 빚을 떠안고 있는 것. 한국이 가계 부채 문제에 마땅한 답을 내놓지 못하고 있는 것처럼, 일본 역시 여태껏 계속 돈을 풀고 또 풀며 시한폭탄 돌리기처럼 부채 문제 해결을 뒤로 미루는 방법을 택했다.

---

* YCC Yield Curve Control (채권 수익률 통제): 중앙은행이 장기금리에 일정 목표치를 두고 이를 달성하고자 채권을 매수·매도하는 정책으로, 일반적인 양적완화보다 좀 더 적극적인 통화정책이다. 일본은 10년물 국채 금리가 0.5% 이상 올라가지 않도록 통제하고 있다. – 네이버 지식백과

문제는 물가상승률이다. 올해 일본 물가상승률이 2.4%인데, 내년에는 1.4%로 전망되고 있다. 예상처럼 내년 물가상승률이 1.4%라면 큰 문제는 없지만, 만약 물가가 3%~5% 이상 오르면 일본 정부로서는 금리 인상이 불가피해지고, 결국 부채 이자가 폭등하는 심각한 문제에 직면할 가능성이 크다. 이 말은 일본 중앙은행이 그동안 해왔던 기준금리 컨트롤을 포기한다는 뜻과 다름없는데, 과연 부채 이자를 감당할 수 있을지 전 세계 수많은 경제학자들이 흥미롭게 지켜보는 상황이다.

지난 4월 우에다 가즈오가 경제학자 출신으로는 최초로 일본 중앙은행 총재에 취임했다. 정통 경제학자이기에 과거보다 통화를 좀 더 긴축적으로 운영하지 않을까 기대했는데, 현재로서는 역대 총재들과 같은 정책을 펼치는 모습으로 YCC도 그대로 유지하고, 앞으로 돈을 풀겠다고 말하고 있다. 문제는 지금 전 세계가 역사에 다시 없을 부채 문제에 직면한 상태라는 점이다. 모든 자산에 거품이 잔뜩 발생한 상황이고, 지금은 미국 중심으로 거품이 붕괴하는 과정이라고 볼 수 있다. 내년도 세계 경제 전망을 어둡게 바라보는 것도 이런 이유 때문이다.

따라서 일본 중앙은행으로서는 기준금리를 점진적으로 완화하는 게 최선책으로 보인다. 10년물 국채 금리를 0% 기준으로 정하고 1% 정도까지 변동을 허용하고 있는데, 이렇게 점진적으로 수익률을 올리면, 그 사이 가계 소비와 기업 투자가 증가해 세수 증대로 정부가 버틸 가능성이 크다. 다만 현재까지는 일본 경제가 높은 성장률을 보이지는 못할 거란 전망이 지배적이다. 블룸버그 콘센서스(11월 1일 기준)는 올해 일본 경제 성장률을 1.9%, 내년에는 1.0% 정도로 예측하고 있다.

우리 경제에 어느 정도 도움이 될 수 있다. 일본 GDP가 세계에서 차지하는 비중과 우리의 대일 수출 비중의 방향이 거의 같다. 예를 들어 1996년 일본 GDP가 세계 경제에서 차지한 비중이 15.4%였고, 당시 우리의 대일 수출 비중이 12.2%였다. 2022년에는 일본의 GDP 비중이 4.2%였고, 대일 수출 비중이 4.5%였다. 이런 상관관계를 보면 일본 경기가 회복돼 세계에서 차지하는 비중이 늘면, 우리의 대일 수출 비중도 늘어 경제에 약이 될 수 있다는 전망이 가능하다.

물론 일본과의 교역에서는 계속 적자를 내고 있다. 특히 원자재, 중간재 같은 핵심 소재의 수입이 최근 240억 달러에 달하고 있다. 그동안 우리의 수출 구조를 보면 일본의 소재나 부품을 수입해 중간재를 만들어 중국에 팔고, 중국이 완제품을 만들어 미국, 일본 등에 파는 식이었다. 그런데 몇 년 전부터 대중 수출이 마음 같지 않은 상황이다. 이제는 중국이 우리보다 제품을 더 잘 만드는 경우도 많고, 정치적 문제 등으로 중국이 예전만큼 잘 안 사준다.

여기에다 환율까지 발목을 잡고 있다. 엔·달러 환율이 급등해 대일 무역수지 적자가 커지고 있는 것이다. 대일 무역적자는 올해 들어 10월 25일까지 158억 달러에 이르고 있다. 한국의 최대 시장인 중국 경기가 좀처럼 살아나지 못하는 상황에서 대일 무역적자마저 커지면, 원화 가치가 더 하락(원·달러 환율 상승)할 수 있다는 우려가 고개를 들 수밖에 없다.

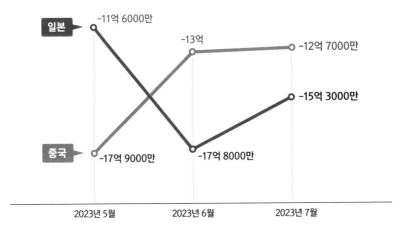

▶ 대일, 대중 무역 적자 (단위: 달러)

- 일본: -11억 6000만 (2023년 5월) → -13억 (2023년 6월) → -12억 7000만 (2023년 7월)
- 중국: -17억 9000만 (2023년 5월) → -17억 8000만 (2023년 6월) → -15억 3000만 (2023년 7월)

자료: 산업통상자원부

그렇다면 한국은 일본에 뭘 더 팔 수 있을까? 대일 적자를 어떻게 메울 수 있을까? 일본 기업의 생산이 늘면 반도체 같은 제품을 좀 더 팔 수 있을 텐데, 앞서 말한 대로 일본이 라피더스를 만들어 2027년부터 반도체를 본격 생산할 예정이라 그마저 전망이 밝지는 않다.

홍사훈 : **과거로 돌아가, 80~90년대 미국과 1,2위를 다투던 경제 대국 일본이 무너진 이유는 무엇인가?**

이유는 간단하다. 미국이 세계 경제에서 급격하게 몸집을 불리는 일본을 위협으로 판단하고 때렸다. 1994년 일본이 세계 GDP에서 차지하는 비중이 18%였다. 그때 미국 비중은 26%였다. 미국 GDP의 69%까지 일본이 접근했던 것이다(2022년 일본의 세계 GDP 비중은 4.2%로 줄어들었다). 특히 '도쿄를 팔면 미국 땅을 전부 살 수 있다'는 농담이 생길 정도로 미국은 일본과의 무역에서 심각한 적자를 보고 있었다. 미국의 자존심이 무너진 것이다.

미국은 앞서 설명한 것처럼 일본의 반도체 산업을 무차별적으로 억압했다. 그리고 85년 9월 플라자 호텔에서 G5(미국, 일본, 프랑스, 서독, 영국)의 재무장관들을 모아 환율 조정을 이끌어냈다. 무역적자를 해결하고자 미국의 달러 가치를 하락시키고, 일본 엔화와 독일 마르크화의 가치를 높이는 정책을 밀어붙였다. 일본이 장기 침체를 겪게 된 출발점인 플라자 합의가 체결된 것이다.

그 결과 플라자 합의 직전인 85년 8월 엔·달러 환율이 239엔이었는데, 87년 12월 환율이 123엔이 됐다. 1년 반도 안 돼 엔화 가치가 2배 가까이 폭등한 것이다. 일본 기업으로서는 기존 1달러어치 제품을 수출해 200엔을 받다가 100엔밖에 못 받을 정도로 수출 경쟁력이 떨어져 '곡소리가 날' 수밖에 없었다.

이때 일본과 독일의 대응이 갈렸다. 일본은 통화정책으로 대응했다. 금리를 5%에서 2.5%로 인하해 내수를 부양한 것이다. 그게 패착이었다. 내수 증가로 일본 경제가 높은 성장을 기록하기 시작했는데, 문제는 자산 가격에 엄청난 거품이 발생한 것이다. 85년 말 13,000대였던 니케이지수가 89년 말 39,000을 기록하며 3배나 올랐다. 집값도 3배 가까이 뛰었다.

결국 자산 버블에 대응하고자 중앙은행이 89년 말부터 금리를 5.25%로 올리게 됐고, 자산시장이 걷잡을 수 없이 붕괴하기 시작했다. 39,000까지 갔던 니케이지수가 7,800까지 떨어지고, 집값도 반토막이 나며 일본 사회가 축소사회로 접어들게 되었다.

자산 가치가 뚝뚝 떨어지고, 주식은 투자할수록 손해 보고, 채권에 투자해봤자 이자도 안 나오니 일본 사람들은 깨달을 수밖에 없었다. 자신들이 부자인 줄 알았는데 현실은 그게 아니라는 것을. 그때부터 그동안의 과소비 생활에서 벗어나 가계 소비를 줄이기 시작했고, 그러자 기업 투자가 줄어들고, 물가가 떨어지며 장기적인 디플레이션에 빠져버리게 된 것이다. 만약 일본이 금리 인하 대신 구조적인 산업 경쟁력 강화 쪽으로 정책을 실행했더라면, 세계 GDP에서 차지하는 비중이 18%에서 4%까지 떨어지는 지금의 상황에 이르지는 않았을 것이다.

반면 독일은 내수 부양도 금리 인하도 하지 않았다. 당장은 힘들어도 인위적인 통화정책보다 산업 경쟁력을 강화하는 방향의 구조조정으로 대응했다. 이러한 노력이 2대 대전 패전국인 독일에 다시 한번 부흥할 기회를 줬다.

일본은 장기 침체에서 벗어나기 위해 다양한 정책을 펼쳤다. 2008년 미국에서 금융위기가 터졌을 때는 돈을 풀어 달러 약세를 유도했다. 그 결과 2007년 6월 123엔이었던 엔·달러 환율이 2011년 77엔까지 떨어지기도 했다(현재는 150엔 언저리). 그리고 2012년 소비자물가가 2%~3%가 될 때까지 무한정 돈을 시장에 푸는 일본판 양적완화인 아베노믹스를 빼놓을 수 없다. 그 결과 물가 하락이 멈추며 제자리 걸음을 유지했는데, 막대한 돈을 푼 만큼 물가가 더 올랐어야 했는데 효과가 미미했다고 아베노믹스를 평가절하하는 이들도 많지만, 어쨌든 통화정책 면에서는 어느 정도 효과가 있었음은 부정할 수 없는 사실이다.

무엇보다 일본의 구조적인 문제, 즉 떨어지는 산업 경쟁력과 인구 고령화, 좀처럼 지갑을 열지 않는 소비자들을 고려해야 하기 때문이다. 실제로 일본인들의 주식 비중을 보면, 1989년에 금융자산에서 주식이 차지하는 비중이 28%까지 갔지만, 2010년 무렵에는 9%까지 떨어졌다. 그만큼 일본인들이 미래를 어둡게 보고 소비를 줄이면서 주식시장에도 별다른 관심을 보이지 않았다는 얘기다. 돈을 풀어도 물가가 기대만큼 오르지 않을 수밖에 없었던 이유가 여기에 있다.

> **홍사훈 :** **한국의 경제 상황이 30년 전 일본과 비슷하며, 일본의 전철을 밟을 수 있다는 불안한 전망도 많다.**

잠재성장률 하락 추세를 보면 비슷하다. 1980년대 10%대를 기록했던 한국의 잠재성장률이 현재는 1% 후반으로 진입하고 있는데, 일본도 90년대 들어 잠재성장률이 2%, 1%로 계속 떨어졌다. 그러나 일본보다도 심한 전 세계 최저 출산율에 인구 고령화까지 겹친 한국의 현실에 주목해야 한다. 현재의 모습이 계속된다면 잠재성장률을 올리는 것은 쉽지 않을 전망이다.

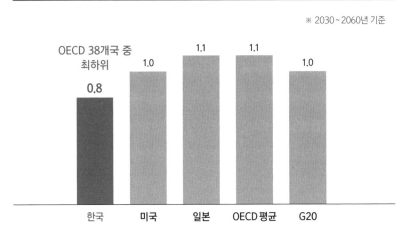

▶ 주요국 1인당 잠재성장률 전망 (단위: %)

※ 2030~2060년 기준

OECD 38개국 중
최하위
0.8 | 1.0 | 1.1 | 1.1 | 1.0
한국 | 미국 | 일본 | OECD평균 | G20

자료: 경제협력개발기구(OECD)

한국의 부동산시장이 일본 부동산 폭락의 전철을 밟을 거라는 전망도 많다. 그러나 단순히 집값만 비교하면, 일본은 1985년에서 1990년까지 집값이 3배나 오른 반면, 우리는 그 정도로 폭등하지는 않았다(1.5배). 아직은 괜찮다는 뜻인데, 진짜 문제는 가계 부채에 있다.

일본은 가계 금융자산이 가계 부채보다 5.5배나 많다(2022년 말 기준). 장기간의 디플레이션을 견딜 수 있었던 것도 이런 탄탄한 가계 자산 덕분이었다. 그에 비해 우리는 2.2배에 불과하다. 가계 부채 문제에서 우리가 일본보다 훨씬 더 심각한 상황에 부닥쳐 있다.

만약 부동산 가격이 떨어지면 어떻게 될까? 가계는 소비를 줄일 수밖에 없게 된다. 우리 경제성장률을 보면 2001년, 2002년 사이에 가계 부채가 금융자산에 비해 급증했고, 2002년 이후로 GDP 성장률에 비해 민간소비 증가율이 계속 밑돌고 있다. 이런 점에서 우리가 일본보다는 더 어려워질 수 있는 것이다.

결국 수출 비중이 GDP의 45%(2022년 비중)에 달하는 우리나라의 운명은 세계 경제에 달렸다고 해도 과언이 아니다(90년대 내수에 치중한 일본은 9%대였으며 최근 20%까지 올라왔다). 만약 세계 경제가 좋아지면 우리 경제도 따라서 좋아지고, 세계 경제가 나빠지면 일본보다도 더 나빠질 가능성이 크다.

불확실한 세계 경제에만 의존할 수는 없으니, 어떻게 해야 할까? 어렵더라도 가계 부채를 줄이는 수밖에 없다. 금리를 올리느니 내리느니 싸울 때가 아니다. 우리는 수출로 먹고사는 나라 아닌가. 기업 경쟁력, 노동 생산성을 높여야 한다. 이런 산업 혁신을 위해서는 이해관계가 상충하는 각 주체들의 사회적 대타협이 필요하다.

일본의 현 상황을 정리하면, 완만하게 디플레이션에 탈피하는 모습이다. 우리나라 투자자의 해외 주식 투자 비중을 보면, 미국이 61%인데 일본은 3%밖에 안 된다. 최근 일본 주식이 많이 오르며 젊은 투자자들의 일본 주식 투자 비중이 높아지고 있는데, 미국 주가보다는 장기적으로 나을 것으로 본다. 따라서 미국 주식 비중을 좀 줄이고 일본 비중을 늘리는 것도 좋은 투자 방법이라고 생각한다.

한국 경제, 위기이지만 기회는 있다

미국과의 금리 역전, 중국 수출 부진, 일본의 부활… 한국 경기에 드리운 침체의 그늘이 짙어지고 있다. 많은 이들의 우울한 예측처럼 한국은 과연 경기 침체에 빠져들까, 아니면 위기에서 더 강해지는 우리 민족 특유의 기질로 활로를 모색할까?

> **홍사훈 :** **한국은행이 기준금리를 3.5%로 계속 동결하고 있다. 바람직한지 궁금하다.**

물가상승률이 조금씩 안정되는 추세인 현재 상황에서는 동결이 바람직하다고 보고 있다. 무엇보다 우리 경제가 아직은 좋지 않다. 한국은행에서 발표한 8월 '기업 경기 실사 지수'를 보면 제조업이 67이다. 이 지수가 100이면 '좋다'와 '나쁘다'의 비율이 같다는 뜻인데, 67이면 나쁘다고 말한 비율이 훨씬 더 많다는 얘기다. 특히 수출기업이 내수기업보다 나쁘다는 응답이 많았다. 실제로 수출이 좋지 않은 상황에서 금리를 올리는 것은 좋지 않다.

하지만 금리를 올리지 않으면, 가계 부채가 늘어날 수 있다는 문제에 맞닥뜨린다. 한국은행이 1년에 두 번씩 국회에 제출하는 <2022 한국인의 금융안전보고서>를 보면 '금융 불균형'이라는 단어가 굉장히 많이 눈에 띈다. 2020년 시작된 코로나19 팬데믹에 전 세계적으로 막대한 돈이 시장이 풀렸고, 한국 역시 기준금리를 0.5%까지 내리고 경기 침체를 막기 위해 노력했다. 그 결과 주식·부동산 시장에 돈이 몰리며 많은 이들이 부자의 꿈을 이뤘다. 그러나 폭등하는 자산시장에 올라타지 못하면 평생 가난하게 살지도 모른다는 두려움에 많은 이들이 성급하게 주식과 부동산시장에 뛰어드는 부작용을 낳기도 했다. 무리한 대출로 주식을 사고 집을 장만하며, 가계 부채가 폭등한 것이다.

최근 문제가 되는 상황은 물가 상승으로 인한 인플레이션이다. 미국을 비롯한 각국 정부는 인플레이션을 해소하고자 금리를 차례차례 올리기 시작했다. 우리나라 역시 기준금리를 올렸고, 이런 노력으로 물가가 조금씩 진정되며 주식·부동산 시장도 상승세가 꺾여 하락 안정 추세를 보이고, 늘어나던 가계 부채도 다소 안정된 모습을 보였다. 구체적인 수치를 보면, 2016년~2021년까지 저금리 기조와 주택가격 급등 등으로 부채 규모가 연평균 100조 이상씩 증가했고, 2020년 처음으로 가계 부채

▶ 자영업자대출 연체액 및 연체율

※ 분기말 기준. 전체 금융기관 개인사업자대출, 1개월 이상 원리금 연체기준

자료: 한국은행

비중이 GDP 대비 100%를 초과했는데, 다행히 지난해부터 감소(2021년 105.4% → 2022년 104.5%)해 올 3월에는 101.5%로 줄어들었다.

그러나 악화하는 경기 침체에 소득이 줄어들며 다시 가게 부채가 증가하고 있다. 거기에다 연체율도 상승하고 있다. 특히 코로나 팬데믹으로 소득이 급감해 대출로 연명했던 자영업자들이 이젠 고금리와 경기 침체로 연체에 시달리고 있다.

GDP 규모를 넘어선 가계 부채 문제는 한국의 뇌관이다. 잘못 건드리면 걷잡을 수 없다. 최대한 조심스럽게 대응해야 한다. 무조건 금리를 올려 부채 상승을 잡겠다는 식의 해법은 위험하기 그지없다. 금리는 모든 경제 주체에 다양한 영향을 미친다. 금리를 올리면 어려운 사람들과 기업들은 더 어려워지게 된다. 따라서 최대한 서민층에 영향을 주지 않는 섬세한 대책으로 가계 대출을 억제해야 한다.

다만 가계 대출보다 명목 GDP가 늘어나는 속도가 좀 더 빠른 것으로 나타나고 있어, 이 점은 그나마 다행이다. GDP 대비 가계 부채가 줄고 있다는 얘기다. 그리고 현재 미국 기준금리(5.5%)보다 우리나라의 기준금리가 2% 포인트 낮은데도 불구하고 미국으로 돈이 빠져나가지 않고, 오히려 우리 채권시장으로 지난 7월까지 외국인 자금이 14조 원이나 신규 유입되고 있다. 미국인들이 우리나라 채권을 많이 가지고 있지 않기 때문인데, 우리나라 채권은 아시아계 자금이 대략 46%, 유럽계 자금이 30%를 차지하고 있다(2023년 7월 기준). 국가별 정확한 통계는 없지만, 아시아 자금에는 중국 자금이 가장 많을 거라 추측된다.

그리고 기준금리보다는 시장금리가 더 중요한데, 10년물 국채 수익률을 보면 미국이 4.3%이고 우리는 4.0%이다. 큰 차이가 없다. 정리하면 우리 금리가 미국보다는 낮아도 독일, 일본보다는 훨씬 높기에 우리 채권시장으로 외국 자금들이 들어오고 있는 것이다.

홍사훈 : **미국이 4분기부터 침체기에 들어간다면, 우리나라도 침체가 시작된다는 뜻인가?**

2008년 금융위기 때 우리나라가 짧은 시간 내에 IMF 체제에서 벗어날 수 있었던 가장 큰 이유는 중국 수출 때문이었다. 그러나 대중국 수출 호황이 끝나며 무역수지가 적자로 진입했다. 특히 반도체 수출의 45%를 차지하던 중국 수출량이 급감했다. 다행히 인도와 동남아 국가들의 경제가 성장하며 하락세를 줄일 수 있었는데, 늦어도 내년부터는 중국 경기가 지금보다는 좋아져 대중국 수출도 조금씩 나아지지 않을까 예상한다.

많은 이들이 중국의 위기를 말하고 있지만, 앞서 알아본 대로 미국의 올해 예상 경제성장률이 2.2%인데 반해, 중국의 경제성장률은 5.1%로 전망되고 있다. GDP 19조 달러를 고려하면 5% 성장도 결코 무시 못할 수치인 것이다. 따라서 미국의 경기가 침체하면 우리나라에도 영향을 미칠 테지만, 중국을 비롯한 다른 시장에서 기회를 찾을 수 있다면 우려만큼 큰 영향을 받지 않을 수도 있다.

홍사훈 : **현재만 보면 부동산시장은 얼어붙었고, 주식시장 역시 힘을 못 쓰고 있다. 갈수록 우울한 전망이 한국을 휩쓸고 있는데 어떤가?**

올해 초 2023년 주식시장을 전망하며 5월까지는 괜찮고, 6월~8월에는 조정이 오며, 빠르면 4분기 늦으면 2024년 상반기부터 상승세를 보일 것으로 이야기한 바 있다. 내 전망은 여전히 유효하다. 주식시장의 조정 국면이 다소 길어지고 있지만, 각종 경제 동향 데이터에서 희망적인 요소를 발견할 수 있기에 지금부터는 꾸준히 주식을 매수할 때라고 말하고 싶다.

우선 '선행지수 순환변동치'를 보자. 거시경제 흐름을 보여주며 경기를 판단할 수 있는 대표적인 수치인 선행지수 순환변동치가 3월~4월 저점을 찍고 상승할 것으로 예측된다.

■ **선행지수 순환변동치**(선행종합지수) : 앞으로의 경기 동향을 예측하는 지표로 구인·구직비율, 건설수주액, 재고순환지표 등과 같이 앞으로 일어날 경제 현상을 미리 알려주는 9개 지표들의 움직임을 종합해 작성한다.

■ **동행지수 순환변동치**(동행종합지수) : 현재의 경기 상태를 나타내는 지표로 광공업생산지수, 소매판매액지수, 비농림어업 취업자 수 등과 같이 경기 변동과 거의 같은 방향으로 움직이는 7개의 지표를 종합해 작성한다.

2021년으로 돌아가 6월 선행지수 순환변동치가 정점을 찍었을 때, 나는 여러 매체에 출연해 주가 하락을 전망하며 리스크 관리에 힘써야 한다고 말했었다. 알다시피 2021년 상반기는 코스피가 사상 최고인 3,300선을 기록할 때였다. 삼성전자가 9만 원을 찍으며 너도나도 10만 전자 이야기로 떠들썩했다. 집값이 끝 모를 정도로 폭등하며 모두가 샴페인을 터뜨릴 때, 하락을 이야기하니 좋아할 사람이 어디 있겠는가. 그러

자료: 통계청, 한국거래소

나 데이터가 말하는 바는 명확했다. 경기가 하락하고 있다고!

거시경제의 흐름이 중요하다고 말하는 투자자들은 많다. 그러나 진짜 거시경제의 흐름을 파악할 줄 알았다면, 당시 삼성전자 주식을 추가 매수할 수 있었을까? 대출까지 받아 주식시장에 겁 없이 뛰어들 수 있었을까?

선행지수 순환변동치를 보면 2021년 6월 정점을 찍고 내려가는 모습이 확연했다. 선행지수가 오르면 주가도 오르고, 선행지수가 떨어지면 주가도 떨어지는 상관관계를 알고 있었다면, 주식시장이 하락세를 보일 가능성이 크다는 게 예상되던 시점이었다. 삼성전자 같은 대장주도 경기가 나쁘면 결코 혼자 오를 수는 없다. 결국 3,300까지 갔던 코스피 지수는 2022년 9월 2,135까지 주저앉았다. 선행지수 순환변동치가 얼마나 주가와 밀접한 관련이 있는지를 잘 보여주는 사례다.

그런데 얼마 전 통계청이 발표한 자료에 따르면 선행지수 순환변동치가 2023년 4월 저점을 찍은 것으로 나왔다. 올해 초 주식시장을 전망하며 내가 한 예상이 맞아떨어진 것이다. 또한 선행지수 순환변동치와 함께 주가에 많은 영향을 끼치는 '일 평균 수출 금액' 역시 늘어나는 것으로 나왔다. 그동안 GDP에서 45%를 차지하고 있는 수출이 감소해 어려움을 겪었는데, 4분기부터는 수출이 회복세를 보이며 무역수지도 흑자가 나올 가능성이 커진 것이다.

> **홍사훈 :** **교수님은 데이터를 특히 중시하는 것으로 잘 알려져 있다. 최근 의미 있는 자료가 있다면 어떤 게 있을까?**

우선 지난 7월 통계청에서 발표한 '8월 산업활동 동향'을 주의 깊게 살펴볼 필요가 있다. 자료를 보면 8월 산업 생산이 전월 대비 2.2% 증가한 것을 알 수 있다. 특히 극심한 하락세를 보이며 대한민국 수출 경기를 끌어내렸던 반도체 생산이 13.4% 증가한 것이 눈에 띈다. 생산이 증가했다는 것은 수출이 늘어난다는 뜻이니, 이만큼 좋은 소식이 또 있을까. 반면 소비는 0.3% 감소한 것으로 나와 여전히 부진한 경기를 보여주고 있다. 그러나 설비투자가 3.6% 증가하고 있어, 4분기 전망을 밝게 하고 있다. 소비 감소는 이어졌지만, 생산과 투자가 증가했다는 긍정적인 지표가 나온 것이다.

앞서 말한 선행지수 순환변동치를 좀 더 깊이 들여다보자. 동행지수 순환변동치는 작년 10월을 기준으로 여전히 하락세지만 금융시장에서는 선행지수 순환변동치가 훨씬 더 중요한데, 통계청이 발표한 선행지수는 4월에 저점을 찍은 것으로 나온다. 그리고 7월까지 상승하다가 8월에 약간의 하락세를 보여 7월과 같은 수치였다. 재고순환 지표, 코스피, 장단기 금리 차는 상승했지만, 건설수주액이 -21.3%로 큰 폭으로 떨어져 선행지수 정체에 크게 영향을 미쳤다. 그러나 하락 국면으로 다시 전환된 것이 아니라 상승기에서 잠시 정체를 보인 것으로 보고 있다.

제조업 경기를 파악하기 위해서는 재고 출하 비율(재고율지수)을 살펴야 한다. 그래프를 보면 8월 생산이 증가한 만큼 재고가 많이 증가하지 않은 것으로 나타난다. 재고 출하 비율이 124로 8월과 비슷한 수치다. 재

▶ 선행지수 순환변동치

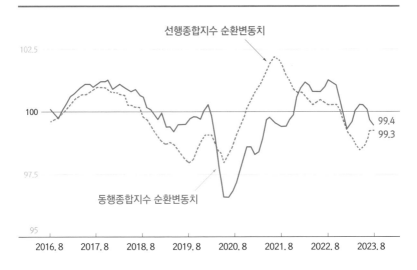

자료: 한국은행

(단위: %)

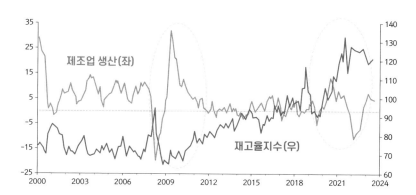

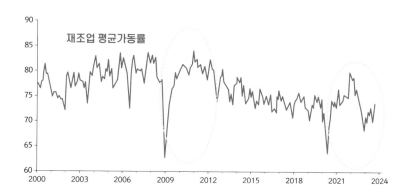

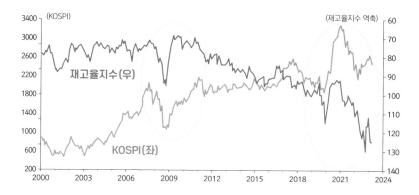

자료: 통계청

고가 증가한 곳은 반도체와 자동차 쪽으로 여전히 상당히 높은 수준을 보이는데, 오히려 제조업체들이 미래를 긍정적으로 보고 생산을 늘리고 있는 것으로 판단된다. 무엇보다 재고 출하 비율과 코스피는 상관계수가 높다. 즉 같은 방향으로 움직인다는 것에 주목해야 한다.

앞의 세 그래프 중에서 하단의 그래프는 재고 출하 비율을 역수로 그린 것이다. 출하에 비해 재고가 늘어났다는 것은 경기가 안 좋다는 의미여서 이럴 땐 주가도 떨어진다. 물론 주가는 '선행'하기 때문에 그래프를 보면 주가가 8월, 9월 떨어진 것으로 나오며, 재고 출하 비율도 약간 올라가는 모습을 나타내고 있다. 그러나 기업들이 구조조정을 하고 있고, 4분기에 접어들어 수출이 증가하면서 재고 출하 비율은 점차 낮아질 것으로 전망한다. 이처럼 최근 경기 동향을 보면 기저효과로 인해 재조업의 마이너스 폭이 컸지만, 폭이 줄어들며 조만간 플러스로 돌아설 것 같다.

서비스업은 소비 부진으로 당분간은 계속 둔화할 것 같다. 서비스업의 선행 지표가 금융업종 주가다. 그래프에서 표시된 부분은 서비스업을 전망해본 수치인데, 이를 보면 금융업종 주가도 앞으로 조정을 좀 더 거치지 않을까 예측된다. 물론 서비스업도 업종별로 큰 차이를 보인다. 금융보험, 운수·창고, 보건복지 등은 높은 증가세를 보여준다. 그러나 도소매, 숙박, 정보통신, 예술·스포츠는 최근 상당히 부진한 모습이다.

다음으로 살펴볼 자료가 '2023년 9월 수출입 동향'이다. 수출이 전년 동월 대비 4.4% 감소했다. 수입도 16.5% 감소해 509.6억 달러를 기록했다. 덕분에 무역수지는 37억 흑자를 기록했는데, 여전히 수출이 감소하

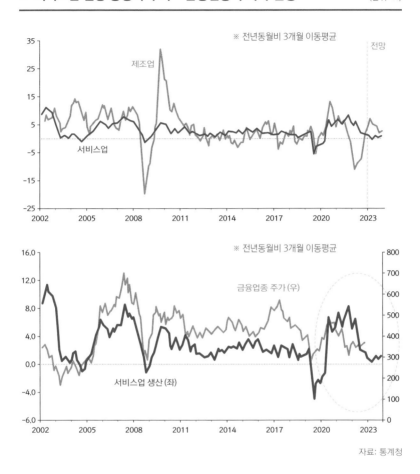

▶ 서비스업 활동 동향과 주가 – 금융업종 주가가 선행 (단위: %)

※ 전년동월비 3개월 이동평균

전망

제조업

서비스업

※ 전년동월비 3개월 이동평균

금융업종 주가 (우)

서비스업 생산 (좌)

자료: 통계청

고 있기 때문에 '불황형 무역수지 흑자'라는 말이 나온다.

여기서 주목할 것은 수출 감소 폭이 줄어들고 있다는 점이다. 대중 수출, 특히 반도체 수출(중국 45%, 홍콩 15%) 감소 폭이 축소된 영향이 큰 것 같다. 그동안 중국, 홍콩 경기가 워낙 나쁘다 보니 업황이 안 좋았는데, 그게 조금씩 회복되는 조짐을 보이는 것이다. 이처럼 4분기에는 기저효

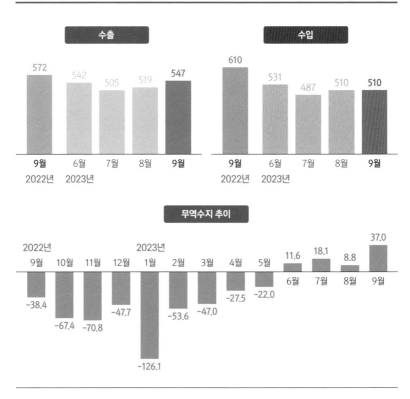

자료: 산업통상자원부, 관세청

과도 있지만, 대중국 수출(반도체)이 증가하면서 전체적으로 5% 정도 증가할 것으로 전망하고 있다.

품목별로 보면, 반도체는 2018년 20.9%로 한국 수출 비중에서 사상 최고치를 찍었지만 2023년 1~9월은 14.7%까지 크게 위축됐다. 그러나 최악의 상황은 이제 지나갔다는 것이 9월 수출통계부터 나오고 있다. 10월, 11월, 12월이 지나고 4분기 통계가 발표되면 약간 더 늘어날 것으로 보인다. 반면, 반도체 수출 부진에 비해 자동차 수출은 호황을 누렸다. 미국, 유럽 선진국과 인도 같은 신흥시장에서 자동차가 많이 팔려서다.

정리해보자. 그동안 부진했던 반도체 수출이 다시 증가세 돌아서면서 4분기부터는 무역수지 증가율도 플러스로, 무역수지도 흑자를 기록할 가능성이 크다.

국가별로는, 중국 비중이 2000년 10.7%에서 2018년 26.8%까지 올랐지만, 중국의 경제성장률이 떨어지며 그 비중도 19.8%까지 감소했다. 대신 미국 경제가 상대적으로 좋아지면서 대미 수출 비중이 꾸준히 오르고 있다. 그리고 장기적으로는 (올해는 조금 하락했지만) 아세안 비중이 꾸준히 늘어나는 추세다. 따라서 앞으로 우리가 주목해야 할 시장이 바로 인도를 비롯한 아세안이다. 미·중 패권 전쟁이 불러오는 지정학적 리스크에서 벗어나 있다는 점, 풍부한 노동력을 보유하고 있다는 점 등을 볼 때, 특히 인도에 주목해야 한다. 현재 우리의 인도 수출 비중이 3%밖에 안 되는데(조금씩 늘고는 있지만), 좀 더 확대할 노력이 필요하다.

요컨대, 그동안 급격히 줄어들던 대중 수출이 반도체를 중심으로 회복하며 5% 안팎의 수출 증가세를 보일 것으로 전망되며, 무역수지 역시 90억 달러 정도 흑자가 날 것으로 전망된다.

다음으로 살펴볼 게 '일 평균 수출액'이다. 이미 여러 매체를 통해 '일 평균 수출액'이 우리 코스피와 상관계수가 가장 높은 지표라고 강조한 바 있다. 물론 주가가 선행하지만, 코스피와의 상관계수가 무려 0.86

이나 된다. 이렇게 높은 경제 변수는 거의 없다고 봐도 무방하다. 그런데 9월의 일 평균 수출액이 26억 달러로 굉장히 많이 증가했다. 나는 24억 달러로 전망했었는데, 기분 좋은 오차가 아닐 수 없었다.

홍사훈 : 2024 한국 경기, 하락인가 상승인가?

그동안 체감 경기는 정말 어려웠다. 특히 중소기업 경기, 내수기업보다는 수출기업 경기가 안 좋았다. 그러나 앞서 살핀 대로 9월 수출 동향을 보면 수출이 늘고 있다. 그동안 수출 감소의 주요인이었던 반도체를 위주로 한 대중 수출 감소 폭이 줄어들고 있기 때문이다.

그리고 역시 가장 큰 관심사는 선행지수 순환변동치인데, 4월 최저점을 찍고 다시 증가세로 돌아서고 있다. 최근 장단기 금리 차도 커지고 있고, 건설 수주도 마이너스 폭이 축소될 조짐이다. 따라서 현재 경기는 어렵지만 빠르면 4분기 늦으면 내년 상반기부터는 우리 경제가 좋아지고 주식시장에도 영향을 미칠 것으로 전망한다.

홍사훈 : 경기가 회복된다면 투자자로서는 채권, 주식, 현금 흐름의 비중을 어떻게 가져가야 할까?

현재는 주가가 전체적으로 저평가된 상황에서 조정받는 중이라 판단된다. 그동안 단기 조정이 올 거라고 판단한 이유도 코스피가 10% 정도 앞서 움직였기 때문이다. 그런데 9월 기준으로 코스피가 8% 정도 저평가 영역에 들어섰다고 판단된다. 이를 토대로 살펴보면, 10월 들어 미국 주가가 떨어지며 코스피도 동반 하락하고 있지만, 저평가 영역이 많아지고 있다.

물론 투자할 때는 단기와 장기를 잘 구분해야 한다. 장기적으로 우리나라는 저성장·저금리 국면으로 진입하고 있다. 잠재성장률 역시 2%로 떨어졌다. 명목 잠재성장률도 잘해야 4%다. 그러면 코스피 연간 상승률은 연평균 5% 정도가 가능하다. 장기적으로 기대수익률을 낮춰야 하는 것이다. 단기적으로는 사이클을 고려해야 한다. 사이클상으로 선행지수 순환변동치를 보며 주가를 전망할 수 있는데, 4월에 저점을 찍었기에 주가도 오르리라 전망하는 것이다.

요약해보자. 전체적으로 수출 증가로 무역수지도 흑자로 돌아서고 있고, 선행지수 순환변동치도 다시 증가세가 확대되고 있기에 주가에도 탄력성이 붙을 전망이다. 내가 올해는 지수가 떨어질 때마다 오히려 비중을 늘리는 것이 현명하다고 말한 이유도 이 때문이다. 따라서 투자자라면 주식 비중을 꾸준히 늘려가는 것이 좋을 시기이며, 주가 상승은 최소한 내년 상반기까지는 갈 수 있을 것 같다. 자산을 적정하게 배분해 투자한다면, 은행 예금보다는 주식 및 채권 비중을 확대하는 것이 좋다고 판단한다.

최배근

정치 실패가 불러오는 한국 경제 위기

01

재정 준칙 법제화,
무엇이 문제인가?

2023년 10월 기획재정부가 사상 최초로 올해 국가 부채가 1,100조 원을 넘어섰고, 나라 살림 적자만 66조 원(8월말 기준)에 달한다고 발표했다. 역대급 세수 감소로 재정 건전성에 대한 우려가 쏟아지며 재정 준칙 법제화가 시급하다는 목소리가 커지는 상황이다.

> **홍사훈 : 정부의 재정 준칙 도입, 좋은 취지로 들리는데 반대하는 이유는 무엇인가?**

지난 6월 국가재정전략회의에서 윤석열 대통령이 "국가와 국민을 생각한다면 긴축 재정이 지금 불가피하다"라고 말했다. 추경호 부총리도

▶ **국가재정운용 계획**

(단위: 조 원)

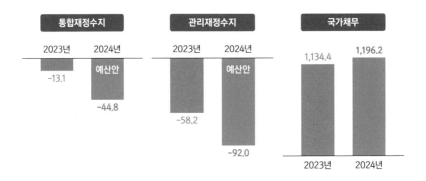

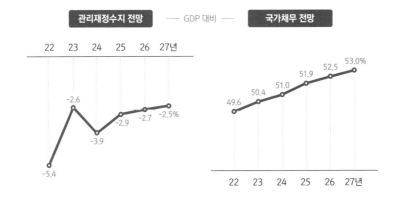

자료: 기획재정부

"세수가 부족해도 적자 국채 발행(추경) 없이 재정 운영하겠다"라고 말했다. 이번 정부에서 국가 재정을 얘기할 때마다 전제로 달고 있는 것이 '재정 건전화'다. 나랏돈 허투루 쓰지 않겠다는 말이니 반대할 국민은 한 명도 없을 것이다.

여기서 재정 준칙 법제화가 무엇을 의미하는지부터 정확히 짚어볼 필요가 있다. 우선, 일반 국민은 국가 채무는 결국 국민이 갚아야 하는, 특히 미래 세대가 갚아야 하는 빚이라고 알고 있다. 그러나 이 말은 옳지 않다. 1,100조 원이 넘는 국가 채무를 국민이 모두 부담해야 하는 것은 절대 아니다.

정부가 만드는 'e-나라지표' 사이트가 있다. 이곳에 기획재정부가 올린 자료를 보면 국가 채무는 '적자성 채무'와 '금융성 채무'로 나뉜다. 적자성 채무는 국민이 상환해야 하는 빚을 말한다. 그러나 금융성 채무는 국민이 상환 부담을 질 필요가 없는 빚이다. 장부에는 빚으로 잡히지만, 정부가 상환할 자금을 이미 갖고 있기 때문이다.

예를 들어 우리나라 국민은 부동산을 구매할 때 국민주택채권을 구입해야 한다. 그리고 정부는 채권을 판매한 돈을 정부의 수입으로 잡고 국민주택사업 등을 벌인다. 국민에게 채권을 팔았으니 빚으로 잡히지만, 돈을 가지고 있으니 미래 세대가 갚을 필요가 없다. 외평채*를 발행

---

*   외평채: '외국환평형기금 Exchange Equalization Fund 채권'을 줄여서 부르는 말이다. 자국 통화가치의 안정을 도모하고, 투기적인 외화 유출에 따른 외환시장의 혼란을 방지하기 위해 정부가 직접 또는 간접으로 외환시장에 개입하여 외환을 매매하기 위해 조성한 기금이다. – 네이버 지식백과

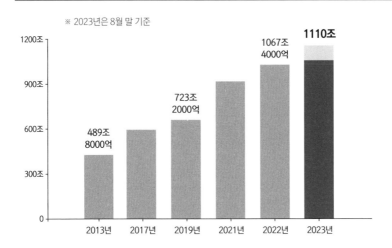

▶ 국가채무 추이 (단위: 원)

※ 2023년은 8월 말 기준

- 489조 8000억 (2013년)
- 723조 2000억 (2019년)
- 1067조 4000억 (2022년)
- **1110조** (2023년)

자료: 기획재정부

해 외화를 조달할 때도 마찬가지다. 10억 달러어치 외평채를 발행했으면 10억 달러가 정부의 수중에 들어온다. 당연히 빚이지만, 수중에 돈이 있으니 추후 갚으면 되는 것이다.

이처럼 국민이 갚을 필요 없는 돈이 300조 원 정도 되고, 갚을 필요 있는 돈은 작년 말 기준 680조 원이 채 안 되는데, 현 정부가 국가 부채 1,100조 타령을 하며 재정 준칙 도입을 얘기하는 이유는 무엇일까? 간단히 말하면 정부의 재징 지출을 어떤 규칙이나 수치를 정해 범위 안에서 자신들의 통제 아래 두려는 발상이다.

사실 재정 준칙은 보수 정부든 진보 정부든 경제 관료라면 누구나 꼭 추진하고 싶어 하는 숙원 사업이다. 그런데 윤석열 정부가 추진하는 재정 준칙은 이전 정부에서 추진했던 재정 준칙과 큰 차이점을 가지고 있어서 문제다.

첫째, 법제화를 추진하고 있다. 이전 정부는 시행령 정도를 생각했는데, 시행령은 대통령에 의해 얼마든지 수정될 수 있으니 바꾸기 힘들게 법률로 못 박겠다는 것이다.

둘째, 재정 적자를 -3%, 국가 채무를 60% 내로 법률로 못 박겠다고 한다. 국가 채무 비중이 60%가 넘게 되면 재정 수준을 강제로 축소해 60%로 맞추겠다는 뜻이다. 그러나 60%나 3%는 이론적 근거가 전혀 없는 수치일 뿐이다. 60이라는 수치는 유로화를 도입할 무렵 유럽연합 국가의 채무비율 평균이 62% 정도였기 때문에 정한 수치일 뿐이다. 정작 현재 유럽연합의 채무비율은 다 증가한 상태다. 3% 역시 논리적으로 계산된 수치가 아니다. 경기가 둔화할 때 3% 이상으로 성장률이 떨어지는 경우는 거의 없기 때문에 GDP 대비 3% 정도 재정을 확장하면 경기를 방어할 수 있다는 주먹구구식 수치일 뿐이다. 무엇보다 법률로 수치를 정하는 게 현실에서 과연 가능한 일인가? 국가 재정은 정부가 원하는 방향으로 절대 움직이지 않는다. 올해의 재정 적자를 정부가 원하는 게 아니었듯이 말이다. 무엇보다 급격한 변동이 생겼을 때 법률에 묶이면 정부는 옴짝달싹 못하게 된다.

셋째, 재정 적자 기준을 통합재정수지*에서 관리재정수지**로 바꾸겠다고 한다. 우리나라는 국민연금이 흑자이기 때문에 통합재정수지가 관리재정수지보다 더 여유가 있다. 따라서 적자 기준을 관리재정수지로 바꾸게 되면 흑자 부분들을 빼기 때문에 관리가 훨씬 더 타이트해질 수밖에 없다. 즉 기준을 훨씬 더 엄격하게 관리하겠다는 뜻과 다름없다.

정부는 위와 같은 주장에 힘을 싣기 위해 다른 나라들도 재정 준칙을 도입하고 있다고 말한다. 그러나 이는 사실과 전혀 다르다. 실제로 법률로 정한 나라는 단 한 국가도 없다. 다만 재정 준칙이라는 용어를 도입한 곳은 있는데, 바로 유럽연합이다. 물론 유럽연합의 재정 준칙과 한국형 재정 준칙은 내용이 굉장히 차이가 크다.

유럽연합 19개국은 유로화라는 단일 통화를 도입함으로써 각국의 중앙은행이 사실상 무력화됐다. 이 말은 각 정부가 가장 중요한 경제 정책 수단인 통화 정책을 쓸 수 없다는 뜻이다. 개별 국가별로 통화 정책을 쓰지 못하기에 남아 있는 수단은 재정 정책뿐이다. 정리하면, 통화 정책을 쓸 수 있는 나라와 쓸 수 없는 나라는 전혀 다르므로, 유럽연합과 우리나라를 비교하면 안 된다.

---

* 통합재정수지: 우리나라 예산은 일반회계, 특별회계, 기금으로 구성된다. 이를 따로 분리하지 않고 하나로 합쳐 포괄 범위 내에 있는 내부거래를 상계한 후 나타낸 것을 통합재정이라고 한다. – 네이버 지식백과

** 관리재정수지: 통합재정수지에서 국민연금, 고용보험 등 사회보장성 기금을 제외한 수지로 정부의 재정 건전성을 판단하는 중요한 지표다. 정부가 발표하는 재정수지는 주로 관리재정수지를 사용한다. – 네이버 지식백과

또한 예를 들어 GDP를 100, 국가부채가 60이라고 가정해보자. 재정 준칙을 도입해 1년 뒤 60%를 넘기지 않으려면 어떻게 해야 할까? 일반적으로 GDP는 증가한다. 만약 GDP가 5% 증가해 105가 되고, 빚도 5%가 증가하면 63이 되니, 똑같이 60%가 유지된다. 딱 맞아떨어지는 것이다. 그러나 이것은 말 그대로 경제학 이론에서나 가능한 일일 뿐이다.

IMF 같은 공신력 있는 기관조차 1년에 4번씩 경제성장률 수정 전망치를 내는 이유가 무엇인가? 성장률이 어떻게 될지는 그 누구도 정확히 예측하지 못하기 때문이다. 실제로 유럽연합의 국가들도 재정 준칙을 도입했지만, 단 한 번도 60% 선을 맞춘 적이 없었다.

구체적으로 우리나라의 재정 수준을 대표적으로 보여주는 통합재정수지, 관리재정수지의 올해 1분기 내용을 살펴보자. 정부의 총수입에

▶ **한국 관리재정수지**　　　　　　　　　　　　　　　　(단위: 조 원)

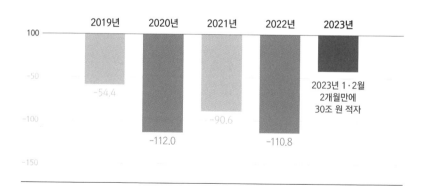

자료: 기획재정부

서 총지출을 차감한 통합재정수지는 31조3,000억 원을 기록했다. 그러나 통합재정수지에서 4대 사회보험(건강보험, 고용보험, 산재보험, 국민연금)을 차감한 관리재정수지는 66조 원 적자로 정부의 올해 전망치(58조2,000억 원)를 이미 초과한 상태다.

정부는 올해 GDP 대비 -3% 이내로 재정 적자 규모를 관리하겠다고 발표했지만, 이미 1분기 기준으로 관리재정수지는 -10%, 통합재정수지는 -8%를 기록했다. 이는 코로나 팬데믹, 2009년 글로벌 금융위기, 1997년 외환위기 때도 본 적 없는 역대급 적자다. 이렇게 재정 적자가 심하다는 것은 재정 건전화에 실패했다는 뜻이며, 또한 재정 수준을 적절히 관리하겠다는 정부의 주장이 절대 불가능이란 반증이다.

또 다른 중요 지표인 '국가 채무 비율'에 대해서도 잠깐 살펴보자. 국가 채무는 단순 채무액보다는 주로 GDP 대비로 얘기한다. 소득이 높을수록 빚을 감당할 여력이 더 크기 때문이다.

그런데 작년 1년 동안 G7 국가들은 일본만 빼고 국가 채무 비율이 다 줄어들었는데, 우리나라의 국가 채무 비율만 GDP 대비 2.8% 증가했다. 2020~2021년 코로나 팬데믹 때 우리가 굉장히 적게 증가하고 다른 국가들이 많이 증가했는데, 상황이 뒤바뀐 것이다.

어떻게 된 일일까? 우리나라만이 아니라 다른 나라 역시 국가 채무의 절대량은 모두 증가했다. 사실 경제 규모가 커지면 빚도 커지기 때문에 국가 채무액은 증가할 수밖에 없다. 줄이는 것은 절대 쉽지 않다. 결

▶ GDP 대비 국가 채무 비율

(단위: %)

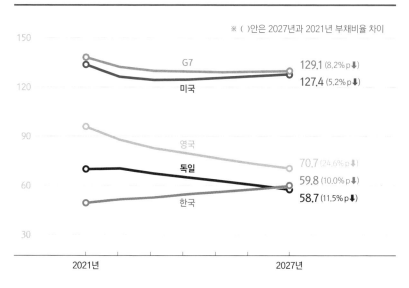

※ ( )안은 2027년과 2021년 부채비율 차이

G7 129.1 (8.2%p↓)
미국 127.4 (5.2%p↓)

영국 70.7 (24.6%p↓)
독일 59.8 (10.0%p↓)
한국 58.7 (11.5%p↓)

2021년　　　　　　2027년

자료: 국제통화기금(IMF)

국 채무 비율을 줄이는 방법은 분모, 즉 GDP를 늘리는 방법밖에 없다. 즉, 다른 나라들은 국정을 잘 운영해 경제 상황이 좋아져 분모에 해당하는 GDP가 우리보다 훨씬 많이 증가한 것이다. GDP가 더 증가하니까 국가 부채 절대량이 증가해도 비율은 떨어진 것이다. 반대로 GDP 증가액이 더 적으면 당연히 부채 비율은 증가하게 된다. 현재 우리나라가 바로 이 상황이라고 할 수 있다.

정리해보자. 우리나라의 국가 채무가 급속하게 늘어났다는 것은 채무 절대량이 아니라 채무 비율이 증가했다는 뜻이다(실제로 채무 액수는 다른 선진국에 비해서 적게 늘어났다). 그럼에도 증가 속도가 너무 빠르니 이걸 통제하기 위해서 재정 준칙 법제화가 필요하다고 강력히 주장하고 있는 것이다.

간단하게 말하면, 세금이 적게 들어와 수입이 줄어든 탓이다. 따라서 정부의 주장대로 지출을 줄인다고 재정 관리가 해결되는 게 아니다. 그럼에도 정부는 '재정 건전화'를 '재정 지출 최소화'와 같은 개념으로 사용하며 어떻게든 지출을 줄일 생각만 하고 있다. 다시 한번 강조하지만 재정 지출은 재정 건전화의 한 측면일 뿐이다. 재정 건전화는 수입 범위 내에서 적자 안 보고 지출하면 된다.

가게를 운영하는 한 가정을 예로 들어보자. 경기가 어려워져 가계 수익이 줄어들기 시작했다. 적자가 걱정된 부부에게는 두 가지 방법이 있다. 첫 번째는 지출을 줄이는 방법, 두 번째는 수입을 늘리는 방법이다. 상식을 가진 부부라면 두 방법을 모두 사용할 것이다. 허리띠를 졸라매면서도 가게를 잘 운영해 수익을 늘리려고 노력할 게 틀림없다. 그런데 우리 정부는 수익이 갈수록 줄어들고 있는데, 수익을 늘릴 생각보다는 허리띠를 졸라맬 생각부터 하는 것이다.

일단 지출이 줄어드니 좋은 것일까? 자본주의 경제에서는 너무 적게 지출해도 문제가 된다. 가령 전기세를 아낀다고 가게 불을 끄고, 가스비를 아낀다고 난방을 끄면 어떻게 되겠는가? 오히려 손님이 줄어 수익이 더 나빠지는 결과를 낳게 된다. 이처럼 무조건 지출을 줄이는 것은 가정, 가게, 나아가 국가를 운영하는 데 마이너스가 될 수밖에 없다.

2022년 8월, 기획재정부가 윤석열 정부의 첫 예산으로 639조 원(전년 대비 5.2% 증액)을 편성해 국회에 제출하면서 강조한 내용이 있다. 재정 건전화를 위해 지출을 최소화하면서 그럼에도 국정 과제를 위해 필요한 예산을 책정했다는 것이었다. 그런데 코로나19 대응 예산을 축소하는 등 정부의 총지출을 1년 전보다 무려 63조 5,000억 원 감액했다. 꼭 필요한 예산이라며 편성한 금액을 스스로 부정한 것이다. 안 써도 될 정도의 예산을 편성했다는 뜻이다.

경제는 계속 성장하고, 정부의 지출도 자연적인 증가분이 있는데, 작년 대비 4월 기준으로 넉 달 만에 24조 지출을 줄였다는 것은 산술적으로 한 달에 평균 6조를 줄였다는 것인데, 1년이면 70조 원이나 되는 막대한 불용 예산이 세상에 어디 있는가?

건전 재정의 목표는 재정 적자 최소화에 있음에도 결과는 정반대로 나오는 현 상황에 정부의 그 누구도 제대로 된 설명을 안 하고 있다. 물론 이유가 세수가 줄어들었기 때문임은 누구나 다 알고 있다. 실제로 최근 우리나라의 경제성장률이 선진국 중에서 가장 나쁘다. 미국, 일본을 비롯해 대부분의 선진국은 성장률을 1.3%~2%로 상향 조정한 반면, 우리나라는 지난 1년 동안 성장률이 거의 반토막이 날 정도로 경기가 굉장히 안 좋은 상황이다.

경제학을 따로 공부하지 않았더라도 상식이 조금이라도 있다면, 경기가 나쁠 때 정부가 긴축 재정을 한다는 얘기는 들어본 적이 없을 것이다. 경기가 침체하면 가계 소득은 줄어들고, 기업 역시 수익이 줄어든다.

특히 소상공인을 비롯해 저소득층은 모아놓은 돈이 없기 때문에 더더욱 힘들 수밖에 없다. 이때 일반적인 정부는 돈을 풀고 소비를 촉진한다. 그런데 윤석열 정부는 거꾸로 긴축을 시도하면서 국제 경제 환경이 갑자기 개선되기를 기다리고 있는 것 같아 걱정이다. 중국 경기도 살아나고 미국도 수입을 늘려 우리 경제가 나아질 거라고 말이다.

홍사훈 : 정부가 재정 지출을 줄이면 없는 사람들이 더 힘들어 질 수밖에 없는 것 아닌가?

정부가 재정 건전화를 얘기하며 강조하는 것이 국가 부채가 1,100조 원이 넘어섰다는 말이다. 그리고 문재인 정권 때 400조 원 넘게 증가했다며 '문 정부가 미래 세대를 착취했다. 납세자 국민에게 사기쳤다'는 아주 거친 표현까지 서슴지 않는다. 그러면서 윤석열 정부는 돈을 쓰지 않고 국민에게 갈 부담을 덜어주겠다고 한다.

그런데 모든 국민에게 공평하게 돈을 안 쓰겠다는 게 아니다. 예산을 깎을 때는 똑같은 비율로 줄어들지 않는다. 현실을 보면 힘 있는 부서는 오히려 예산이 증가하고, 힘없는 부서들은 예산이 깎인다. 그중에서도 보건복지부, 교육부 같은 시장 경쟁 원리를 보완하기 위해 국가가 개입하는 교육이나 복지와 관련된 예산부터 깎이기 쉽다.

이런 상황에서 현 정부는 오히려 부자들에게 감세를 해주고 있다.

작년 22년부터 법인세와 재산세를 인하했다. 그런데 부유층에게서 세금을 덜 거두면, 모자란 세금은 누구에게서 더 걷겠는가? 당연히 직장인이나 자영업자에게서 세금을 더 거둬들이는 수밖에 없다. 문제는 자영업자 1인당 소득이 2020년도 수준으로 회복이 안 됐을 정도로 경기가 좋지 않다는 것이다.

정부가 건전하게 재정을 쓰겠다는 것에 대해 반대할 사람은 없다. 문제는 꼭 실행해야 할 지출을 안 하면, 그로 인해 고통받게 될 사람들이 있다는 것이다. 정부가 특정 계층만 편애하면 안 되는 것 아닌가? 정부라도 안 도와주면 이들은 더 힘들어질 수밖에 없다.

홍사훈 : 우리나라 국가 채무가 빠르게 증가하고 있는 것은 사실이다. 이런 상황에서 GDP의 60% 이상은 못 쓴다는 재정 준칙이 재정을 건전화시키는 긍정적인 역할을 할 수도 있는 것 아닌가?

지난 6월, 국회 대정부 질문에서 추경 편성에 관해 국민의힘 소속 의원의 다음과 같은 주장이 화제가 된 적이 있다. "국가 채무비율이 지금 50%인데, 이대로 가면 2070년경이면 디폴트를 선언했던 그리스 꼴이 될 것이다." 여당 국회의원의 이런 주장에 추경호 장관은 한 걸음 더 나아갔다. 국가 채무비율이 50%~60%만 돼도 국제 사회에서 신용이 떨어져 자금 조달 비용이 올라가기 때문에 재정 준칙을 시급히 도입해야 한다는 것이다. 과연 이 주장이 사실일까?

그리스의 국가 채무비율은 90년대 중반부터 이미 100%를 넘기고 있었다. 디폴트를 선언하며 독일을 비롯한 유로존 소속국들이 도움을 주기도 했지만, 어쨌든 2013년 이후 채무비율이 170% 이하로 내려간 적이 없다. 우리나라 기재부의 논리대로라면 외평채 발행을 못 해 국가 파산을 10번 정도는 했어야 하는 것이다. 하지만 여전히 파산하지 않고 있다. 국가 채무비율 때문에 그리스에 문제가 터진 게 아니라는 뜻이다.

더군다나 그리스의 자금 조달 비용은 우리나라보다 더 낮다. 현재 유럽중앙은행ECB의 기준금리가 4.5%고, 우리나라의 중앙은행인 한국은행의 기준금리는 3.5%다. 이것만 반영하더라도 유럽의 조달 비용이 더 높아야 하는데, 그리스의 10년물 국채 가격이 오히려 우리의 10년물 국채 가격보다 낮다. 이처럼 그리스는 우리보다 훨씬 높은 국가 채무비율에도 왜 아무 문제가 안 생길까? 심지어 낮은 금리로 자금을 조달할 수 있을까?

국가 채무 비율의 변화에 영향을 미치는 요인은 앞서 얘기했듯이 분모에 있는 GDP 증가율이다. 그리고 또 하나 중요한 게 기준금리다. 1년이 지나면 기존 채무에 대한 이자가 빠져나가기 때문에 채무액이 클수록 이자 부담도 커질 수밖에 없다. 반대로 금리가 낮아지면 이자 부담도 낮아진다. 즉 금리와 성장률은 밀접하게 연동돼 돌아가는 것이다.

일본을 보면 이는 좀 더 명확해진다. 일본은 국가 채무 비율이 전 세계에서 가장 높은 나라다. 그럼에도 오히려 채무에 대한 이자 부담이 줄어들었는데, 2010년대 이후 제로금리, 심지어 마이너스 금리였기 때문이다. 마찬가지로 그리스 같은 나라들이 높은 채무비율에도 견딜 수 있는 이유 역시 지난해 금리가 조금 오르기는 했지만 그전까지만 해도 사실상 제로금리였기 때문에 큰 부담이 없는 것이다.

홍사훈 : 우리나라 정부는 왜 현실성도 없고 부작용도 많은 재정 준칙을 법제화하자고 주장하는가?

현 정부는 전 정부 때도 재정 준칙을 시행했다고 말한다. 그러나 전 정부의 재정 준칙은 법이 아닌 시행령이었고, 그것도 25년까지 유예하기로 했었다. 그에 비해 현 정부는 통과되자마자 바로 시행하겠다고 한다. 얼마 전 전경련에서 재정 준칙 법제화가 시급한 이유를 다음과 같이 들었다.

1 **재정 건전성 경고등** – 국가 부채 비율 증가 속도 OECD 1위
2 **매래 재정 여력 위축** – 저출산, 성장 잠재력 둔화
3 **미래 지출 수요 급증** – 고령화로 인한 복지 지출 급증
4 **잠재적 국가부채 위험** – 공기업 부채, 연금충당부채 등 상당

간단히 말하면, 갈수록 나라가 어려울 것 같으니 미리미리 씀씀이를 줄이겠다는 것이다. 그러나 이렇게 수치를 못 박아 놓게 되면 어떻게 될까? 만약 경기가 굉장히 나빠져서 정부가 재정을 풀어 하락세를 막아야 할 상황이 돼도, 3% 이하로는 못 쓰게 법으로 정하고 있어 적절히

대응하지 못한다면? 머뭇거리다가 적절한 대응 시기를 놓칠 수도 있다. 결국에는 호미로 막을 것을 가래로도 못 막을 상황이 올 수도 있는 것이다.

현재의 대한민국은 관료 집단에 권력이 집중돼 있다. 이런 상황에서 재정 준칙이 법제화까지 되면 기재부에 모든 권력이 쏠릴 위험이 크다. 정부의 권력을 감시하는 선출 권력인 국회의원이 있지만, 일반적 시각과 달리 예산 편성에 관해서만은 권한이 크지 않다. 행정부 관료 집단(기획재정부)에서 예산을 편성해 국회에 넘기면, 국회는 심의하고 감액 정도만 가능할 뿐 예산을 증액하거나 새로운 비목을 설치할 권한이 없다. 기본 틀은 정부안을 그대로 받아야 하는 것이다.

정부안을 만들 때 유일하게 개입할 수 있는 사람이 정부의 수장인 대통령이다. 하지만 재정 준칙이 법률로 정해지면 대통령 역시 할 일이 없어진다. 역대 무능한 대통령들은 국무회의에서 경제 관료들이 편성해 올린 예산안을 대충 설명 듣고 통과시켜주기 바빴다. 거기에 한술 더 떠서 숫자까지 딱 못 박아놓으면 앞으로 선출 권력이 할 수 있는 게 뭐가 있겠는가? 대통령은 다양한 공약을 내세워 국민의 선택을 받고 당선된 선출 권력이다. 그런데 어떤 지역에 다리를 짓겠다는 공약이 재정 준칙에 걸려 불가능해진다면, 즉 대통령도 아무것도 할 수 없게 되면, 이것을 과연 대의 민주주의라고 부를 수 있을까?

얼핏 선심성 공약이 줄어들어 좋은 것 아니냐는 반문도 가능하지만, 기재부 관료들이 정한 재정 준칙에 맞춰 국정을 운영하는 것이 무슨 민주주의 국가인가? 한 나라가 1년 동안 생산한 부(富) 중에서 어느 정도로 세수를 거두고, 어느 정도를 사회의 몫으로 돌릴지는 복잡한 이해관계가 얽힌 문제이기 때문에 모든 사회 구성원들이 머리를 맞대고 논의하고 정해야 할 문제다. 그런데 이를 기재부 관료들이 독점한다?

기본적으로 선출 권력이 권한을 행사하지 못한다면 직접 민주주의를 하지 않는 이상 답이 없다. 결국 대의 민주주의라는 것이 뭔가? 국민이 자신의 권한을 위임한 것이다. 그런데 우리나라는 국회가 전혀 권한을 행사하지 못하고 있다. 이런 상황에서 대통령까지 발목을 묶이게 되면 민주주의 국가가 아니라, 공무원의 나라가 된다. 공적인 물리력, 즉 수사권과 기소권을 독점해 심각한 문제가 되고 있는 검찰이라는 공무원처럼 기획재정부나 금융감독원 등의 경제 공무원이 나라 운영을 좌지우지하는 것도 결코 바람직하지 않다.

정부가 재정 준칙을 법제화하는 대신 선출 권력이 국민 세금을 허투루 쓰지 못하게 견제하는 시행령 정도로 만드는 것에는 나도 충분히 동의한다. 민주주의에서 선출 권력에 대한 견제는 무척 중요한 문제일 수밖에 없다.

우리나라에 비해 미국은 국회의 권력이 막강하다. 행정부는 정책 자료만 제공한다. 미국 시민들이 정치인들을 믿어서일까? 정치인들에 대한 불신은 전 세계적인 현상이다. 그럼에도 미국 국민이 국회의원들의 권한을 존중하는 것은 그들의 권력을 투명하게 감시할 여러 장치가 마련돼 있고, 잘 작동되고 있기 때문이다. 미국의 사례처럼 다양한 분야의 민간 전문가들이 참여해 기재부에서 편성한 예산을 평가하는 국가재정전략 회의 같은 견제 장치를 적극적으로 도입해야 한다. 재원을 어디에 어떻게 제대로 배분할 것인지, 권력을 남용하지 못하게 공정한 눈을 가진 새로운 감시자들이 필요한 순간이다.

02

2023년 한국 경제, 1997년과 똑같은 실수를 반복 중이다!

한국은 지난 1월 기준금리를 3.5%로 올린 이후 1년째 계속 유지하고 있다. 그 사이 미국이 금리를 추가 인상했음에도 불구하고(현 5.5%), 한국은 꿋꿋이 유지 중이다.

> 홍사훈 : **미국의 기준금리에 민감하게 반응하던 과거에 비해, 한국이 역사상 최고인 2% 차이를 유지하고 있다. 이유가 무엇인가?**

일단 기준금리를 계속 올리게 되면 부동산 시장에 걷잡을 수 없는 충격이 올까 두렵기 때문이다. 부동산 시장을 떠받치고자 시간을 벌고 있다는 의심을 지울 수 없는 것이다. 그러나 미국이 금리를 올리며 발생한 금리 차이 때문에 무역적자가 증가하고, 경제성장률은 갈수록 둔화하고 있다. 인플레이션은 여전히 지속되고 있는데, 누가 과연 한국 경제를 건강하다고 생각할 수 있겠는가?

그뿐인가. 9월부터 전 세계적으로 고금리가 장기화할 것이란 전망이 대세로 굳어지며 시장금리가 추가로 상승하는 상황이다. 시장금리가 상승하면 당연히 민간의 자금 조달 비용이 증가하게 된다. 여기에 미국과의 기준금리 차이로 환율 또한 올라갈 수밖에 없는 상황이다.

환율이 올라가게 되면 어떻게 되는가? 정부는 환율을 방어하기 위해 달러를 투입해야 하고, 자연히 외환보유고가 줄어들게 된다. 또 우리나라의 주식이나 채권에 투자한 외국 투자자 입장에서는 환율이 오르면 수익이 줄어들기 때문에 투자를 꺼리게 된다. 이와 더불어 수입 물가도 상승하게 된다. 결국 금리를 미리 동결한 결과, 환율 상승으로 우리나라 경제에 대한 신뢰성이 떨어지며 외국 자본도 빠져나가게 되는 것이다.

이런 상황에서 8월 이후 '미 국채 시장의 균열'이라는 전환점이 왔다. 미국이 7월을 마지막으로 금리를 올리지 않고 있기에 조만간 금리 인상을 종료하고 인하로 방향을 틀 줄 알았는데, 시장의 중장기 금리가 오르며 미 국채 시장에 균열이 가기 시작한 것이다. 결국에는 시장금리가

▶ 민스키 모먼트 (Minsky Moment)

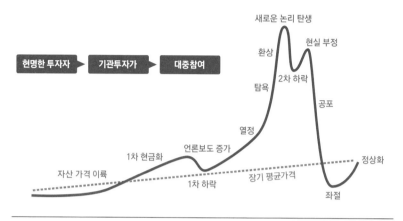

자료: 블룸버그

추가 상승할 수밖에 없기 때문에, 민스키 모먼트*의 결정적인 국면에 진입하는 것은 아닌가 우려를 금할 수 없는 상황이다.

2023년 한국 경제의 위기 상황과 1990년대 일본의 위기가 닮았다고 하는데, 한 가지 결정적인 차이가 있다. 90년대 당시는 초저금리로 진입하는 시기였고, 무엇보다 전 세계 경제의 글로벌화가 한창 진행되던 시기였다. 그러나 지금은 거꾸로 세계가 경제블록으로 파편화되고 있고, 인플레이션은 쉽게 꺾이지 않고 있다. 따라서 일본은 금리라도 내릴 수 있었지만(98년에는 제로금리까지 내렸다). 우리는 고금리 장기화로 금리를 내리기

---

*　민스키 모먼트Minsky Moment : 경제학자 하이먼 민스키Hyman Minsky가 주장한 경제학 이론으로 금융시장에서 성장 단계가 끝나며 갑작스런 자산 가치의 붕괴를 일으키는 현상을 말한다. – 네이버 지식백과

조차 힘들다. 게다가 금리를 동결하게 되면 부실을 정리할 기회를 놓치며
한계기업이 증가하게 된다. 최근 무역수지를 보면 이 점이 명확히 보인다.

▶ **경상수지**(무역수지) **악화일로** (단위: 조 원)

억 달러	경상수지	무역수지
21년 하반기	444.6	379.2
22년 상반기	248.7	213.9
22년 하반기	49.6	-63.3
23년 상반기	24.4	-34.7

자료: 통계청

윤석열 정권이 본격적으로 시작된 22년 하반기부터 무역수지가 계
속 줄어들고 있다. 이것은 IMF가 집계하는 무역수지 세계순위를 보면 더
여실히 드러난다. 특히 윤석열 정부가 출범한 기간부터 정확히 따지면 세
계 199위를 기록하고 있다.

▶ **무역수지 세계 순위**

209개국	2017	2018	2019	2020	2021	2022	23상반기	22.5~23.6
무역수지 세계순위	5위	6위	11위	8위	18위	197위	200위	199위
수출 증가율(%)	15.8	5.4	-10.4	-5.5	25.7	6.1	-12.4	-4.7

자료: IMF

현 정부가 틈만 나면 전 정권의 실정을 이야기하는데, 자료를 보면 문재인 정부 때 제일 낮은 무역수지 순위가 18위였다. 코로나19로 전 세계 경기가 곤두박질쳤던 2020년에도 8위를 기록할 정도였다. 또한 2019년~2020년 수출증가율이 마이너스였음에도 불구하고 무역수지는 세계 8위, 11위를 기록할 정도로 높았다. 그런데 지금은 어떤가? 밑에서 8위, 10위를 기록하고 있다. 이게 과연 우연일까?

또한 우리나라는 지금 고금리 장기화에 가장 취약한 국가다. 민간 부채의 증가 속도가 세계에서 가장 빠른 데다 가계와 기업은 고금리에 직격탄을 맞고 있다.

▶ **민간 부채 증가 속도**

22년 2분기~23년 1분기	민간 부채 증가 속도 (GDP 대비 %p)	23년 1분기~현재 민간 부채 (GDP 대비 %)
한국	+2.8%	224.5%
미국	-5.0%	150.8%
일본	+0.8%	185.2%
독일	-2.5%	126.4%
영국	-8.1%	149.1%
이탈리아	-6.6%	107.8%
캐나다	-7.8%	216.6%

자료: 통계청

그리고 윤석열 정권에서 가계대출이 줄어들었다고 자랑하고 있는 데(-1,686억 원), 줄어든 이유를 보면 결코 자랑할 게 못 된다는 것을 알 수 있다. 금리가 올라가 경제적 약자층들이 대출받기가 어려워졌기 때문이다. 특히 저축은행, 새마을금고 같은 2금융권이 서민층 대출을 대폭으로 줄인 게 기타대출(마이너스대출, 저소득층 신용대출, 전세대출 등)로 잡힌 46조 원이나 된다.

이런 상황에서도 정부는 부동산 시장을 떠받치기 위해 주택담보대출 39조 원, 특례보금자리론 같은 정책적인 주택담보대출 23조, 합쳐서 62조 원을 시장에 풀었다. 이를 보면 가계대출은 소폭 줄어들었지만, 세부 내용이 대단히 나빠졌다는 사실이 여실히 드러난다.

가계대출만이 문제가 아니다. 기업들 역시 상황이 나빠지고 있다. 1년 내 상환해야 할 단기부채가 602조 원이다(공기업 포함). 윤석열 정권에서만 기업부채가 248조 원 증가했고, 그중에서 단기부채가 91조 증가했다. 돌려막기하고 있다는 뜻이다. 문제는 금리가 자꾸 올라가다 보니 기업들이 은행 차입이나 회사채 발행도 어려워지고 있다는 것이다. 늘어나는 빚을 또 다른 빚으로 돌려막기하고 있는데, 이제는 그마저도 힘들어지고 있다는 뜻이다.

IMF가 얼마 전 세계 경제와 선진국 경제, 특히 중국 경제가 올해보다 내년에 성장률이 더 둔화할 것이라고 발표했다. 우리나라의 경제성장률 전망치 역시 글로벌 경기 둔화와 인플레이션 상승 등의 불확실성이 지속됨에 따라 2.4%에서 2.2%로 하향 조정했다. 세계 경기가 좋아야 수출도 늘어날 수 있는데, 여전히 좋지 않을 전망이니 무역수지는 앞으로도 악화할 가능성이 크다.

글로벌 인플레이션의 충격으로 전 세계 대부분의 국가에서 긴축이 시작됐다. 우리나라 역시 긴축에 따른 가계 부채 및 부동산 시장 경착륙 우려로 금리 인상을 조기 종료했다. 그리고 가계와 기업 등 민간부채를 동원해 부동산을 부양하고 있다. 한국은행이 금리 인상을 종료한 게 그나마 가계 부채와 부동산 시장의 경착륙 가능성을 줄였다는 말들도 많다. 그런데 문제는 미국과의 기준금리 차이로 환율 상승 압력이 증가하고, 달러가 빠져나가며 외환보유고가 감소하고 있다는 점이다. 그리고 미국채 시장의 균열로 시장금리가 상승하며 부실이 강요되는 상황이다.

결국 부실은 구조조정을 요구한다. 썩은 곳을 도려내야 한다. 그 과정을 통해 체질을 강화해야 한다. 그게 비용이 적게 드는 일이다. 그러나 지금 우리 정부는 시간 벌기용 정책을 남발하고 있다. 오히려 부실을 키우고 있을 뿐이다. 충격도 더 커질 수밖에 없다. 미 국채의 수익률 급등 문제는 한국이 컨트롤할 수 없는 변수다. 당국이 달러를 풀어 환율을 조정하는 행위 또한 한국에 대한 신뢰만 약화시킬 뿐이다.

문제는 전문가들이 중립적 시각을 내세워 사실을 왜곡해버리고 있다는 것이다. 더 크게 문제를 키우고 있다. 이것이 외환위기 때와 닮은꼴이다. 1997년 9월에 어떤 일이 있었는가? 정부가 한국의 펀더멘털이 좋다고 연일 강조하고 있을 때, 이미 강남에서는 달러가 바닥이 나고 있다는 소문이 좍 퍼지며 달러 사재기가 한창이었다. 내부 정부를 쥔 고위공직자들을 통해 이미 소문은 퍼질 대로 퍼져나갔다. 결국 외환위기가 터졌고, 대다수의 선량한 국민만 큰 피해를 보게 됐다. 직장 잃고, 가정 해체되고, 대한민국 국부가 싼값에 유출됐다.

그때와 지금의 상황이 뭐가 다른가? 경제 전문가들이 경제 현상을 두고 이런 측면도 있고 저런 측면도 있다고 모호하게 말할 때마다 국민은 어떤 것이 진실인지 판단하기 힘들어진다. 중립적 시각 속에서 진실이 사라진다. 그러나 진실은 있다. 결국 한국 경제 위기는 정치가 만들어내는 인재다. 시장은 부실이 커졌으니 구조조정을 할 때라고 거듭 신호를 보내고 있는데, 정부는 외환위기 때처럼 현실을 외면하는 중이다.

03

부동산 위기,
정부의 대응은 적절한가?

우리나라 중앙은행인 한국은행과 통계청이 공동으로 국가, 기업, 가계의 자산을 총정리해 작성하는 '2022년 국민 대차대조표 잠정치'가 발표됐다. 주목할 것은 우리 국민의 GDP 대비 순자산 증가율이 2009년 금융위기 이후 14년 만에 마이너스를 기록했다는 점이다. 자산 형태 중에서 유일하게 토지자산이 감소한 탓인데, 1년 사이 기업의 경우는 600조 원 이상 자산이 증가한 반면, 가계 순자산만 310조 원 정도 줄어들었다. 작년 한 해 가계의 핵심 자산인 집값이 줄기차게 내려간 것이 반영된 수치인 것이다.

그런데 가계 순자산이 줄어든 것은 대한민국 사상 처음 있는 일이다. 외환위기나 금융위기 때도 가계 순자산이 줄어들었을 거라고 생각하기 쉽지만, 당시에도 가계 순자산만큼은 줄어들지 않았다. 왜냐하면 나라 전체로 보면 1년 사이에 짓는 가구 수가 많고, 웬만큼 가격이 떨어져도 공급되는 양이 증가하니 전체 순자산은 증가하는 구조이기 때문이다. 따라서 전체 가계 순자산이 떨어졌다는 것은 보통 심각한 문제가 아니라는 뜻이다.

홍사훈 : **집값 폭락 원인은 무엇인가? 일본의 버블 붕괴와 비슷하다는 말도 많이 나오고 있다.**

우선 토지자산의 총량이 일정하기 때문에, 집값이 많이 내려간 것은 이해된다. 그런데 주거용 주택자산도 75조 원 정도 줄어들었다. 공급량이 많이 빠지지 않았음에도 자산이 줄어든 것은 우리나라에서는 처음 있는 현상이라는 점에서 주목해야 하는데, 그동안 우리나라 가계는 소득 증가보다 자산 증가 속도가 훨씬 빨랐기 때문이다.

주택 가격 하락 현상을 추적해보면, 2021년 말부터 증가율이 꺾이기 시작해 2022년 6월경부터 마이너스 구간으로 떨어지는 것을 볼 수 있다. 그리고 주택 가격 하락 이전에 2021년부터 가계의 실질가처분소득이 줄어드는 신호가 먼저 왔다. 즉, 먼저 소득이 줄어들기 시작하며 자산이 줄어든 것이다.

이처럼 가계소득과 가계자산이 함께 하락하면 가계에 남는 게 뭐가

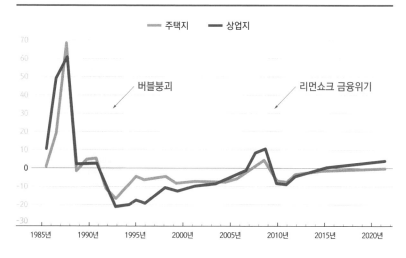

▶ 도쿄권 지가변동률 추이　　　　　　　　　　　　　　　　（단위: %）

주택지　　상업지

버블붕괴

리먼쇼크 금융위기

자료: 한국은행

있을까? 빚밖에 없다. 결국 작년부터 우리나라 가계는 경제적으로 상당히 나쁜 상황이라는 뜻이다.

흥미로운 것은 1990년 3분기에 주택 가격 상승률이 정점을 찍은 뒤, 거품이 꺼지기 시작한 일본과 비교하면 수치상으로 소름이 끼칠 정도로 거의 같은 움직임을 보인다는 점이다. 내수 부분을 보면, 90년대의 일본처럼 소매 판매 증가율이 하락하고 있고, 기업의 생산도 줄어들어 경제성장률도 같이 하락 중이다.

무역수지를 비교해보면 어떨까. 산업 경쟁력을 잃기 시작한 90년대의 일본보다도 현재 우리나라의 상황이 오히려 더 나쁘다고 볼 수 있다. 우리나라는 대기업 위주로 해외에 제품을 팔아 먹고사는 구조이기 때문에 수출이 무엇보다 중요한데, 수출 실적이 떨어져 2018년 이전 수준으로 돌아갔다.

2022년 자료를 보면 중국과 아시안 쪽에서 수출 실적이 악화하고 있다. 다행히 미국 수출이 늘어나고 있어 올해 상반기 전체 수출에서 미국이 차지하는 비중이 17.9%까지 올라왔다. 중국(19.6%)과 거의 비슷해진 것이다. 그러나 IT(반도체) 수출은 모두 비슷하게 나빠졌고, 수출 비중은 작지만(1.7%) 대표적인 성장산업인 2차전지도 7월 기준으로 마이너스로 돌아섰다. 대신 자동차산업이 선전해 수출 비중(15.4%)이 반도체 수출 비중(14.1%)을 앞지르는 수치를 보였다.

이런 상황에서도 한국 정부는 잘못된 재정 철학으로 지출을 줄이고 있고, 그 결과 올해 2분기 경제성장률이 −0.5%를 기록했다. 일반적인 정부라면 경기가 좋지 않을 때는 재정을 풀어 상장률을 끌어올리려 노력하는데, 오히려 앞장서서 경기를 끌어내린 것이다. 그에 비해 일본 정부는 98년부터 0%대까지 기준금리를 내리고 2001년에는 양적완화 정책으로 시장에 돈을 풀었다. 한국과 다른 지점이라고 할 수 있다.

물론 한국, 일본 정부 모두 부동산 시장에 대한 대응은 닮아 있다. 한국 정부가 규제 완화로 부동산 가격 유지를 위해 노력하고 있듯이 일본 정부도 부동산 시장의 거품을 꺼뜨리지 않기 위해 각종 규제를 풀었다. 여기에는 일본의 특수성도 한몫했는데, 당시 일본 국채의 대부분이 건설 국채였다. 그렇게 필요도 없는 다리를 놓고, 도로를 건설했고, 이런 정부의 시그널에 80년대 고도 성장기의 달콤함을 잊지 못한 민간 역시 반응해 이자 없는 대출을 받아 부동산 시장에 뛰어들었다. 그러나 부동산 가격 하락을 막는 데는 역부족이었다. 일본의 주택 가격은 이후 20년 동안 한 번도 멈추지 않고 계속해서 떨어진다. 뿐만 아니라 일본 정부는 기업에 대한 금융 지원도 진행했는데, 결과적으로 영업이익을 내지 못하는 좀비 기업을 양산해 경제 전체적으로 생산성을 떨어뜨리고 말았다.

> **홍사훈 :** **작년까지 부동산 가격 폭락으로 가계 순자산이 떨어졌다고 하지만, 지금 다시 집값이 오르고 있다.**

정부의 대출 한도 완화 등으로 서울과 수도권 일부 지역의 부동산 가격이 오르는 모습을 보이고 있지만, 전국적으로는 여전히 하락하고 있는 게 정확한 팩트다. 무엇보다 걱정스러운 것은 가계 부채 문제의 심각성을 알면서도 거꾸로 각종 규제를 완화하며 어떻게든 부동산 시장을 살리려는 정부의 태도다. 정부는 집값이 내려가야 한다고 항상 말한다. 한국은행 총재도 100%가 넘은 가계 부채 문제가 매우 위험하다며 80%까지 줄여야 한다고 말하고 있다.

그러나 정부가 내놓는 정책들을 보면 하나같이 집값을 끌어올리고 가계 부채를 늘리는 방향이다. 생애최초주택자금대출(LTV 80%, DTI 60%, 최대 50년 상환)로 무주택자를 부동산 시장에 끌어들이는 등 빚을 지원해줄 테니 주택 매입에 뛰어들라고 시그널을 보내고 있는 것이다. 그 결과 주

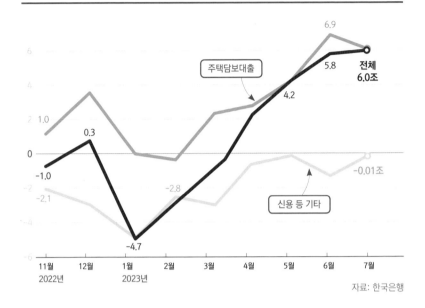

▶ 은행 가계대출 증감 추이 (단위: 조 원)

주택담보대출

전체
6.0조

6.9
5.8
4.2
1.0
0.3
-1.0
-2.1
-2.8
-4.7
-0.01조

신용 등 기타

11월
2022년

12월

1월
2023년

2월

3월

4월

5월

6월

7월

자료: 한국은행

택담보대출이 가파르게 뛰고 있다.

　　그러나 일부 실수요자를 제외하고는 효과가 굉장히 제한적일 수밖에 없다. 주택 가격이 상승할 거라는 전망, 즉 투기 수요가 있어야 돈 있는 사람들이 시장에 들어오며 집값이 상승한다. 특히 서울을 비롯한 수도권 같은 경우는 실수요로는 절대 부족하고 '투기 바람'이 불어야 한다. 그러나 투기 수요가 불기 위해서는 누군가 받아줄 사람이 필요한데, 알다시피 경기 침체로 가계 소득이 떨어지고 있어 수요층이 거의 소진된 상황이다.

　　정부 입장에서는 집값이 경착륙하면 건설사만이 아니라 건설사에 대출해준 은행, 증권사, 캐피털 같은 금융기관까지 흔들릴 수 있기에 미국이 금리를 내리든지 세계 경제가 좋아질 때까지 버티려는 의도인 것처럼 보인다. 그러나 세계 경기가 예상처럼 좋아지지 않고, 정부가 양도세 완화를 비롯해 온갖 규제를 다 풀고 있는데도 불구하고 주택 가격에 변동이 없거나 심지어 하락세를 보이면, 시장은 공포에 사로잡힐 가능성이 크다. 그러면 걷잡을 수 없는 상황으로 바뀔 수도 있다.

정부뿐만 아니라 우리나라 국민 역시 부동산 투기와 집값 폭등에 대해 부정적으로 평가하면서도 정작 가격 하락에 대해서는 부정적이다. 집값이 떨어지지 않기를 바라는 집단적인 심리가 굉장히 강하게 형성돼 있는 것이다. 소득과 일자리가 제대로 보장되지 않는 상황에서 유일하게 기댈 곳이 부동산 자산이기 때문이다.

문제는 이런 상황이 30년 이상 지속되다 보니 아주 많은 경제적인 이권, 소위 말하는 진짜 부동산 카르텔이 형성돼 버렸다. 그 결과 부동산이 무너지게 되면 정부도 마땅한 대응책이 없을 만큼 엄청난 충격이 올 수밖에 없게 됐다.

현재 한국의 왜곡된 부동산 시장 상황은 정부의 잘못된 정책과 국민의 욕망이 만들어낸 결과라고 할 수 있다. '부동산 불패'라는 그릇된 믿음으로 계속해서 눈덩이를 굴려온 것이다. 하지만 역사상 처음으로 가계 순자산, 그중에서도 주택 가격이 수십조 원 하락했다. 이것이 말하는 바가 무엇일까? 이제 본격적인 하락이 시작됐다는 뜻 아닐까? 어떻게든 하락을 틀어막자는 정부의 노력에도 불구하고, 결국에는 일본처럼 하락을 막을 수 없을 것으로 생각한다.

홍사훈 : **한국은행이 은행권 비은행권 구분 없이 190조 원 긴급 자금을 대출해주겠다고 발표했다. 뱅크 런 같은 비상 상황을 막자는 취지라는데, 예방 차원의 조치인지, 아니면 비은행권 금융기관 문제가 심각하다는 것인지?**

한마디로 대출 제도 개선안을 발표한 것인데 이게 처음이 아니다. 작년 11월 레고랜드 사태가 터졌을 때도 한국은행이 긴급히 돈을 지원한 바 있다. 그 바람에 4분기 통화량이 증가하기까지 했다. 한국은행은 말 그대로 우리나라 모든 은행을 관리하는 은행이다. 시중은행에 돈을 빌려줄 때 굉장히 엄격하게 담보를 제한한다. 은행권에만 자금을 지원하는 이유는 시중은행은 중앙은행의 통제 안에 있지만, 비은행권은 통제 안에 있지 않기 때문이다.

물론 금융위기 같은 특수한 상황에서는 MBS* 같은 증권을 발행하는 경우도 있지만, 보통은 정부가 발행한 국채라든가 자체적으로 발행한 통화안정증권 같은 것만으로 국한돼 있다. 그런데 이번에는 담보를 쉽게 확장해준 것이다. 게다가 작년 같은 경우도 가능한 한 은행권으로 대출

---

*   MBS Mortgage Backed Securities (주택저당채권 담보부증권): 금융기관이 주택을 담보로 만기 20년 또는 30년짜리 장기대출을 해준 주택 저당채권을 대상 자산으로 하여 발행한 증권으로 ABS(자산담보부증권)의 일종이다. - 네이버 지식백과

을 국한했는데, 이번에는 새마을금고중앙회, 저축은행중앙회 같은 위험 신호를 보내는 비은행권까지 허용해주었다.

문제는 금융기관이 비은행 예금기관에 대출을 공여하는 것은 법적 다툼의 소지가 다분하다는 것이다. '한국은행법 80조'를 보면 영리기업에 대한 여신이 가능한 상황을 규정하고 있는데, 문구가 약간 모호하기는 해도 법의 취지는 금융 시스템이 붕괴하는 상황, 예를 들어 우리가 겪었던 금융위기 때 같은 긴급한 상황에서 동원할 수 있다는 내용이다. 그런데 지금 상황은 일부 새마을금고와 저축은행들이 고위험도의 PF 사업에 투자하다가 리스크가 높아진 것이다. 문제가 없었다면 고수익 잔치를 누렸을 텐데, 문제가 되니 나라에 빚을 막아달라니, 이런 모럴 해저드가 어디 있는가!

그동안 새마을금고중앙회는 자체적으로 충분한 자금을 보유하고 있다며 문제가 없을 거라고 수차례 장담했었다. 따라서 한국은행이 돈을 지원해주려면 적어도 명확한 이유를 밝혀야 한다. 지원하지 않으면 한국 금융 시스템이 셧다운된다고 대놓고 말하지는 못해도 적절한 설명이 필요하다. 그렇지 않으면 한국은행법 80조에 위배될 수밖에 없다.

미국만 하더라도 SVB(실리콘밸리은행) 문제가 터졌을 때 연준이 어떻게 대응했던가? 정부보증기관에서 발행한 미국 국채나 MBS 같은 경우, (실제 가치가 아닌) 액면 가치로 담보를 받아주고 기간을 연장해준 것이 전부였다. SVB는 상업은행이기에 연준이 충분히 개입할 수 있었음에도 담보물 확장 같은 조치는 전혀 없었다.

한국은행이 보험회사, 새마을금고까지 대출을 확대해주는 이유는 작게 해석하면 금융시장이 불안정해지는 것을 원치 않기 때문이고, 크게 보면 지원을 안 해주면 대한민국에 금융위기가 올 수 있다고 보기 때문이다. 그러나 금융은 투명성이 그 어떤 요소보다도 중요하다. 돈이 엮인 문제이기에 투명하지 않으면 루머가 돌 수밖에 없다.

따라서 문제를 투명하게 공개하고 그에 맞는 처방책을 내놓는 게 무엇보다 중요하다. 그런데 지금처럼 밀실에서 대책을 만들고 발표하면, 시장은 의심할 수밖에 없다. 한국은행이 돈을 지원해야 할 정도로 대한민국이 심각한 상황이라고 말이다. 경기 심리에 막대한 악영향을 끼치게 되는 것이다.

또한 지금처럼 한국은행이 비은행권에 몇백조 원씩 무제한으로 돈을 지원하는 선례를 남기면 어떻게 되겠는가? 부동산 사업자로서는 한국은행이라는 든든한 뒷배를 두고 있으니, 무리한 PF 대출을 일으킬 가능성이 커진다. 성공하면 막대한 이익이, 실패해도 든든한 지원이 있으니, 누가 달려들지 않겠는가! 영리기업에 대한 지원이 제한적인 이유가 바로 그 때문이다.

지금까지 정부의 재정 준칙 법제화에 담긴 익도와 현재 한국 경기가 얼마나 좋지 않은지 구체적인 자료와 수치를 토대로 알아보았다. 현재 한국 부동산 시장의 부실과 민간 부문의 부채 문제는 당장 풀어나가야 할 최우선 국정 과제다. 고금리 장기화가 언제 끝날지 누구도 알 수 없음에도 정부는 조만간 전 세계가 금리를 인하하며 다시 활황이 찾아

올 것처럼 행동하고 있다. 서민들에게만 허리띠를 졸라매라고 강요하고, 부자 감세에 열을 올린다. 거꾸로 가는 정부 정책이 어떤 화를 불러올지 지켜볼 일이다.

빈센트

미국발 위험이 한국을 강타한다

01

미국에서 터져 나오는 위험 신호

전 세계의 금융시장이 제롬 파월 Fed(미연방준비제도) 의장의 입에 일희일비하고 있다. 최근 파월이 미국 경제는 괜찮으며 높은 금리에도 충분히 이겨낼 수 있다고 말한 바 있는데, 과연 실현 가능할까?

홍사훈 : 미국의 인플레이션과 기준금리, 어떻게 진행될 것으로 전망하는가?

우선 지난 9월 FOMCFederal Open Market Committee(미연방공개시장위원회)의 결과를 자세히 살펴볼 필요가 있다. 일단 5가지 정도의 주목할 포인트가 눈에 띈다.

대전제(새로운 시대의 전환기): 세계화의 종언(블록화 경제의 재림)

1. 9월 FOMC 결론: Higher for longer(고금리 장기화)

　① 매파적 동결: 추가 1회 인상을 시사한 동결

　② 금리 인하 기대 후퇴: 2024년 점도표 수정(-1% ➔ -0.5%) & 경제성장률 상향

　③ 연착륙soft lending 기본 시나리오 아니다: 물가 반드시 잡는다

　④ 중립금리 상향 가능성: 2% 목표 달성 경로 확인 뒤, 중립금리가 과거보다
　　높아졌을 수 있다

　⑤ 피버팅 조건: 실질금리 플러스(+)가 유의미하게 지속될 때

2. 파월호의 여정: 실현 가능한가?

　① 라스트 댄스: 경기 침체 우려(학자금 대출 상환 재개+셧다운(FY2024) 우려 상존+예상보다
　　길었던 자동차노조 파업 여파)

　② 상이한 물가 흐름: H(헤드라인)물가 상승 & C(핵심) 물가 둔화세 탈피 ➔ 시기
　　적으로 FOMC 이후

　　무엇보다 FOMC 회의 결과를 통해 '고금리가 얼마나 오래 지속될 것인가?'라는 질문에 대한 힌트를 얻을 수 있었는데, 실제로 회의가 끝난 후 미국 증시도 한국 증시도 하락세를 보였다. 고금리가 장기화될 기라는 전망이 반영된 것이다.

　　그런데 2022년 3월부터 연속으로 금리를 올렸던 연준이 금리 인상을 건너뛰었음에도 증시가 하락한 이유는 무엇일까? 이번 금리 동결이

'매파적 동결'의 의미를 가지고 있기 때문이다. 매파적 동결이란 이번에는 금리 인상을 건너뛰지만 올해 남은 두 번의 FOMC 회의에서 추가적으로 한 번 정도는 금리 인상을 시사하고 있다는 뜻이다. 실제로 2023년 최종금리 5.625%를 전망한 위원이 19명의 전체 인원 중에서 12명이나 됐다. 추가로 1회 금리 인상에 배팅한 것이다. 기준금리를 인상해 인플레이션을 2%대로 되돌리고자 하는 연준의 강경한 입장을 볼 수 있는 대목이다.

게다가 연준이 2023년 6월 발표한 FOMC 점도표*를 통해 내년에 금리가 인하될 것이라고 전망했는데, 금리를 인하해도 그 폭을 절반으로 줄이는 것으로 수정됐다. 원래는 5.6%에서 4.6%으로 1%p 인하가 연준이 바라봤던 폭인데, 이번에 0.5%p로 줄어든 것이다. 이처럼 기준금리 인하 기대 폭도 줄어들었고 그 시기도 상당히 뒤로 후퇴했다. 물론 현재는 11월 FOMC 이후 금리 인하 기대가 상승 중에 있기도 하다.

왜 이렇게 기준금리 인하 기대 폭이 줄어들었을까? 기준금리 인하는 경기가 침체되었을 때 경기를 끌어올리기 위한 정책이다. 그런데 연준이 내년 경제성장률을 1.1%에서 1.5%로 상향 조정했기 때문이다. 올해 예상했던 성장률이 1.1%에서 2.1%로 두 배 가까이 높아졌고, 별다른 일

---

*   FOMC 점도표FOMC dot plot: 점도표는 미국 연방준비제도이사회FED가 매 분기 발표하는 도표다. 연준의 18명 위원들이 FOMC 회의에 들어가기 전에 각자 생각하는 금리 인상 시기와 인상 폭을 취합한 것으로 향후 연준의 금리 조정을 예측할 수 있는 중요한 지표로 평가받고 있다. 점도표는 금융시장의 투자자들에게 중요한 정보를 제공하고, 시장의 안정과 예측 가능성을 높이는 데 도움이 된다. - 한경 경제용어사전

이 없으면 내년에도 성장률이 높아질 거라고 시사한 것이다. 즉, 긍정적인 전망을 토대로 금리 인하 폭을 절반으로 줄여버린 것이다. 실제로 미국 3분기 경제성장률은 4.9%(전기 대비 연율)를 기록했다.

그러나 금리 인하에 대한 기대감이 확 꺼지면 금융시장은 '경제가 좋으니까 기준금리 인하 폭이 줄었구나!'라는 안도감보다는 기준금리 인하가 없다는 불안감에 더 집중하게 된다. 경제가 좋아진다는 시그널보다는 H4L Higher for Longer(고금리 장기화), 즉 지금의 5.5% 기준금리가 1년 정도는 유지되리라는 부담감이 먼저 와닿는 것이다. 어쨌든 높은 금리보다 낮은 금리가 주식시장에 좋을 수밖에 없기 때문이다. 그러나 시간이 흘러 연준의 예상처럼 미국 경제가 생각보다 탄탄하다는 게 증명된다면 기준금리보다 경제성장률에 주목한 9월 FOMC의 결정에 박수를 칠 개연성도 생각해 볼 수 있다.

홍사훈 : 그렇다면 미국 경제가 좋아진다는 뜻 아닌가?

2022년 말부터 나는 보수적인 시각에서 미국 경제의 침체 가능성을 이야기했다. 금리가 지금처럼 높은 상황에서 연준의 희망처럼 올해도 내년에도 미국의 경제성장률이 좋을 수 있을지, 연준이 너무 낙관적으로 상황을 보고 있지는 않은지 의문이 강했기 때문이다.

지난 3~4개월 미국과 우리 주식시장은 연착륙에 대한 기대감으로 상승세를 보였다. 그런데 이번에 파월 의장이 '연착륙은 미국의 기본 시나리오가 아니다'라고 말했다. 과거에는 인플레이션과 성장이란 두 마리 토끼를 동시에 잡으려고 했다면, 연착륙보다는 물가를 잡는 데 방점을 찍겠다는 것이다. 이는 물가가 잡히지 않는다면 기준금리 인하는 없다는 뜻으로 해석할 수 있다. 오히려 금리를 높일 수도 있다는 것이다.

1970년대에 두 번의 큰 오일쇼크가 있었다. 당시 미국을 보면 소비자물가가 한번 올랐다가 안정된다 싶더니 2차 오일쇼크로 다시 더 올라갔다. 물론 그때와 지금은 많은 것이 다르지만, 2020년도 이후의 흐름을 보면, 물가가 피크를 찍고 내려왔다가 다시 고개를 들고 있다. 즉, 2차 오일쇼크 때와 비슷한 상황이 연출될 수도 있는 것이다. 만약 이런 낙타 등 형태의 소비자물가 그래프가 재현된다면, 그리고 연준의 기본 시나리오가 반드시 물가를 잡겠다는 것이면 앞으로 금리가 얼마나 높아져야 할까?

2차 오일쇼크 이후 미국은 기준금리를 두 자릿수까지 올렸다(81년 20%까지 인상). 당연히 소비는 줄어들고 기업들이 줄줄이 도산하고 실업률이 상승하고 주식시장은 폭락했다. 일자리를 잃은 노동자와 농민들이 연준 건물을 포위하고 시위까지 벌였다. 이런 경험이 있음에도 불구하고 파월 의장은 미국 경제는 현재의 금리를 충분히 견딜 수 있다고 강조하고 있는데, 이건 너무 낙관적인 것이 아닌가 걱정이다. 매파적 동결, 기준금리 인하의 후퇴, 연착륙보다는 물가를 반드시 잡겠다고 하면서도 기준금리가 높아질 수 있다고 발표한 것 자체가 금융시장과 우리에게 상당한 불안감을 가져다주고 있기 때문이다.

다음으로 살펴볼 것이 중립금리다. 중립금리가 픽스된 상수가 아닌 변수로 바뀌었다. 지난 8월 파월 의장이 잭슨홀 미팅 때는 "중립금리에 대해서 신중하다. 중립금리는 정해진 것도 없고 인플레이션 목표치 2% 달성이 우선순위다"라고 못박았는데, 이것을 한 달 만에 중립금리가 과거보다 높아졌을 수 있다고 뒤집은 것이다. 당시 나는 오히려 연준 내부에서 중립금리에 왈가왈부할 가능성이 높아졌음을 반증한다고 주장한 바 있는데, 이런 추측이 9월에 바로 현실로 나타난 것이다.

2026년 점도표 수치가 발표되었는데, 연준이 장기적으로 보는 중립금리 수준 2.5%보다 높은 2.9%로 나와 있다. 이로써 중립금리가 높아질 수 있다는 것이 점도표 상에 숫자로 밝혀졌다. 더구나 최근 미국의 10년물 국채금리가 17년 만에 5%를 돌파하기도 했다. 이것을 두고 '패러다임 시프트'라고도 말한 적이 있는데, 1980년대 자본 이동의 자유화 이후로 계속해서 미국의 국채금리는 내려갔다. 그런데 이게 미·중 패권전쟁과 코로나19 이후에 반등했다. 그리고 연준은 중립금리의 상향 가능성을 얘기하고 있다.

언제 기준금리 인상 기조를 끝내고 인하로 돌아설 것인가라는 기자의 물음에 파월 의장은 실질금리, 명목금리, 기준금리에서 기대 인플레이션, 즉 물가의 대리변수를 차감한 실질금리가 유의미하게 오랜 시간 안정적으로 플러스가 지속된다면 그때가 피버팅 조건이라고 밝혔다. 2024년 9월 기준금리는 5.5%이고, 기대 인플레이션의 대리변수로 간주되는

PCE*와 CPI**가 현재 4.3과 4.4이다. 이를 차감하면 +1.1%~+1.2%다. 이게 왜 중요하냐면 1974년부터 기준금리가 고점을 찍었을 때 항상 동결했거나 이후에 금리 인하로 피버팅을 했는데 그때 공통적인 요인들이 실질금리가 전부 플러스가 됐었기 때문이다.

이번에도 실질금리가 플러스가 됐다. 연준의 금리 동결 기조도 이어지고 있다. 그리고 2000년 이후 기준금리가 고점에 이른 후 피버팅을 했을 때 동결 기간이 약 10개월 정도였다. 그렇다면 9월이 마지막 동결인 '라스트 댄스'라고 한다면 10개월 뒤인 내년 6월, 즉 하반기부터 기준금리가 변한다는 것이다. 바꿔 말하면 앞으로 10개월 동안은 고금리 상황이 계속된다는 것인데, 과연 연준의 얘기처럼 미국 경제가 정말로 튼튼할지, 아니면 부러질지 관심을 갖고 지켜봐야 한다.

> 홍사훈 : **미국의 경기에 따른 투자는 어떻게 해야 하는가?**

파월이 얘기했던 미국 경제가 괜찮아 높은 금리에도 충분히 이겨낼

---

*   PCE Personal Consumption Expenditur (개인소비지출): 일정 기간 개인이 물건을 구입하거나 서비스를 이용하는 데 지출한 모든 비용을 합친 금액으로, 매월 미국 상무부 경제분석국에서 발표하고 있다. 미국 정부가 인플레이션(물가상승)의 정도를 파악해 금리 인상이나 인하 유무를 판단하는 주요 지표다. - 네이버 시사상식사전

**   CPI Consumer Price Index (소비자물가지수): 소비자가 구입하는 상품이나 서비스의 가격 변동을 나타내는 지수. - 네이버 지식대백과

수 있다는 말이 과연 타당한지는 결국 펀더멘털*에 달려 있다. 여기서 두 가지 중요한 점을 살펴야 한다.

첫째, 점도표 상에는 추가적으로 한 번 더 기준금리를 인상할 것이라고 나와 있지만, 금리 인상이 말처럼 쉽지 않을 것이다. 왜냐하면 연준의 인식과 달리 현실이 그리 우호적이지 않다. 미국 경제에서 GDP 대비 67%를 차지하는 게 가계소비인데, 10월부터 학자금 대출 상환이 재개된다. 물론 '세이브 플랜'이라고 해서 자금 상황에 따라서 상환 스케줄을 조정해주고는 있지만, 상환이 시작되었다는 것은 가계에 상당한 부담일 수밖에 없다.

둘째, 미국 연방정부의 셧다운 가능성이 남아 있다. 내년 11월 미국에 대선이 예정돼 있다. 공화당 경선에서 트럼프의 지지율이 60%가 넘는다는 이야기가 벌써부터 들려온다. 민주당과 공화당 간의 극한 대립이 셧다운에 대한 우려감을 지울 수 없게 하는 것이다. 이러한 우려는 미국 정부의 신용등급 강등으로 현실화되고 있다. 또한 6주 이상 지속되었던 미국의 강성노조 중 하나인 전미자동차노조의 파업 여파로 고용과 소비 둔화가 불가피하다. 이와 같은 불안 요인이 경기 침체에 대한 우려를 높이고 있다.

---

*   펀더멘털Fundamenta: 한 나라 경제가 얼마나 건강하고 튼튼한지를 나타내는 경제의 기초요건을 말한다. 보통 경제성장률, 물가상승률, 재정수지, 경상수지, 외환보유고 등과 같은 거시 경제지표들을 의미한다. – 네이버 지식백과

미국은 2001년, 2008년, 2020년 경기 침체를 맞았다. 그리고 2022년 말부터 2023년 1분기까지 실질 GDI*가 2분기 연속 마이너스였다. 2분기가 시작되며 플러스로 돌아서기는 했지만 불과 +0.4였다. 앞서 얘기한 경기 침체에 대한 악재와 불안감들이 나타나고 있는 것이다. 그리고 파월 의장이 말한 미국의 견고한 경제 성장률이 가능한지 여부는 상이한 물가 때문에 혼선이 크다. 헤드라인 물가와 핵심 물가가 완전히 엇갈리고 있기 때문이다. 미국 경제가 좋다면 금리를 인상할 수도 있지만, 미국의 경기 체력이 미국 연준 의장이나 재무장관이 얘기하는 것보다는 불안해 보인다.

그렇다면 이런 미국의 현재 상황과 재테크 시장을 연결시키는 방법은 명확하다. 미국 금리가 올라 달러 강세가 되면 당연히 원화는 약세가 된다. 따라서 달러 자산 투자와 인플레이션 헤지라는 두 가지 요소가 작동하게 된다. 또한 주식과 부동산만 보면 기준금리를 인하한다고 가정해도 인하 폭이 크지 않다면, 주식과 부동산은 모두 불안한 상황을 맞을 수밖에 없다.

무엇보다 한국은행의 고민이 클 것이다. 내년 4월 총선을 의식한 것인지 기준금리 정상화의 골든타임을 놓치고 지금은 희망고문을 이어가고 있는 상태다. 미국 연준이 2024년 상반기에 기준금리를 인하한다면

---

* 실질 GDI Real Gross Domestic Income (실질 국내총소득): 국내에서 생산된 최종생산물의 실질구매력을 나타내주는 지표로서, 나라가 일정기간 벌어들인 돈인 '실질 국내총생산 GDP'에서 환율이나 수출입 단가가 바뀌면서 생긴 무역손실이나 이익 즉, 교역조건 변화에 따른 실질무역손익을 더해 산출한 금액이다. – 네이버 지식백과

한국은행도 숨통이 트일 것이다. 그러나 만약 미국의 기준금리 인하가 없거나 인하 폭이 미미하다면, 우리는 내년 상반기까지 경기 침체에 대한 우려를 계속 안고 있어야 한다.

02

2024년 미국, 중국, 일본 경제는
어떻게 변화할까?

2024년 글로벌 경제 상황은 '불안은 영혼을 잠식한다'라는 한 문장으로 정리할 수 있지 않을까? 이 말은 '인플레이션에 대한 불안이 성장을 잠식한다'라고 바꿔 얘기할 수 있는데, 2024년 경제성장률이 올해보다 낮아질 가능성이 높다는 뜻이다. 변동성도 커질 가능성이 높다. 따라서 물가는 어느 정도 내려가기는 하겠지만 여전히 높은 수준을 유지할 테니, 자칫하면 스태그플레이션에 빠질 가능성도 염두에 두어야 하지 않을까 싶다.

Excutive Summary

1. 글로벌 경제 : Slow+Growth

① 성장은 낮고 물가는 높고: G(3.0%→2.7%), HCPI(6.0%→4.8%)

② 정치변수 확대: 기준은 모호하나, 갈등은 현실적(대만 총통 선거~미국 대선) + 중동 화약고

2. 미국: 리모델링 re-modeling

① 차이메리카(부채+중국산 소비) → 바이 아메리칸(공급망 재편) → 노동비용 증가(인플레이션 압력) → 노동 생산성 증가(AI, 로봇 등)

② 리쇼어링과 FDI 확대 전략→일자리 증가→강달러→중금리 Higher for Longer

③ 1980년대 미·일 반도체 협정 데자뷔: 반사이익 받는 국가보다 기업에 집중

3. 중국과 일본: 리플레이스먼트 re-placements

① 중진국 함정: 4%대 성장률 안착+위안화 포치破七시대

② 위안화 캐리 트레이드 유인 확대: BOJ(일본은행) 정상화(→ 앤 캐리 트레이드 청산)

③ 1980년대 미일반도체협정 데자뷔: 반사이익 받는 국가보다 기업에 집중

4. 한국: 독일의 교훈

① 독일 경제 몰락 원인: 해외 의존도 높은 에너지 자원 + 고용 질적 문제 + 중국 경제 종속 구조

② 선제적 금리인하 가능성 낮음: 가계 부채 뇌관 지속 → 원달러 환율 상승 압력 상존

무엇보다 정치 변수가 확대되고 있다. 이데올로기의 시대가 끝난 지 오래지만, 오히려 세계의 갈등은 보다 현실적이고 깊어지고 있다. 우선 당

장 2024년 1월 대만 총통 선거가 있다. 11월에는 미국 대선이 예정돼 있다. 미·중 무역 분쟁, 미중의 패권 경쟁과 연관되는 정치적인 이벤트가 연초부터 연말까지 한 해 동안 연이어 진행되는 것이다. 최근에는 중동의 화약고 이스라엘과 팔레스타인이 다시 한번 불이 붙었다. 이런 정치적 변수의 확대가 전반적으로 전 세계 경기를 끌어내리고 있다.

> ### 홍사훈 : 미국의 2024년, 어떻게 전망하는가?

미국은 여전히 글로벌 리더로 역할하겠지만, 리모델링이 필요한 시기이다. 따라서 미국의 여러 행보 속에 숨은 전략적 함의를 유심히 살펴볼 필요가 있다.

우선 해가 바뀌고 2024년이 되면 미국은 바이든과 트럼프의 제2차 대선 전쟁으로 끓어오를 것이다. 그러나 민주당과 공화당의 정책이 아무리 극과 극을 달려도 AI와 테크놀로지, 로봇에 투자를 집중해 노동생산성을 높이는 방향은 공통일 것으로 전망한다.

'차이메리카'는 2008년 GFCGlobal Finance Crisis(금융위기) 이후 부각된 단어로, 간단히 설명하면 미국이 부채를 일으켜서 중국산 소비를 샀다는 것이다. 그러나 이제 미국은 차이메리카 모델에서 바이아메리칸, 즉 '미국의 것을 사라'로 바뀌었다. 바이아메리칸은 공급망 재편이라고도 해석할 수 있다. 그동안 값싸게 공급받고 있던 물건들이 여러 이유에서 원활하게 공급받지 못하고 있기 때문에 과거보다는 확실히 비용이 높아질 수밖에 없는 국면에 들어선 것이다. 우리는 흔히 이것을 '인플레이션 압력'이라고도 한다.

또한 노동비용이 증가하고 있다. 이런 상황에서 미국이 경쟁력을 확보하는 방법은 한 가지밖에 없다. 1990년대 중후반에 미국의 부흥기를 이끌었던 노동생산성의 증가가 바로 그것이다. 실제로 바이든 행정부도 이에 대한 많은 준비를 하고 있는데, 큰 틀에서 인플레이션을 잡기 위해 생산성을 높여야 하는 상황이기에 어디에 집중할지 유추해볼 수 있다. 생산성을 높이는 대표적인 산업으로 AI와 로봇이 있다. 따라서 중장기적으로 봤을 때 미국은 노동생산성의 제고를 위해서 이와 관련된 산업에 집중할 것으로 전망된다. 당연히 관련 산업과 기업에 유동성 자금이 흘러들어갈 테니 내년부터 분명 기회의 장이 열릴 것이다.

다음으로 리쇼어링과 FDI 확대 전략을 살펴보자. 리쇼어링은 결국 '미국 내에서 무엇을 만들어라, 미국에 설비 투자를 해라, 미국의 일자리를 증가시켜라'라는 뜻이다. 차이메리카에서는 미국의 부채가 증가하고 중국산 제품의 소비가 높아지고 의존도가 높아짐에 따라서 다양한 효과가 있었다. 그러나 바이아메리칸으로 공급망이 재편되고, 미국 내 일자리가 증가하면 어떤 효과가 있을까? 혹시 예기치 못한 나비효과를 일으키지는 않을지 궁금할 수밖에 없다.

미국의 소비는 아직까지는 탄탄하다. 그러나 경기 침체의 압력은 여전히 상존하고 있다. 연준의 기준금리 인상 기조는 끝나가고 있지만, 장기간 지금의 금리 수준이 지속될 전망이다. 문제는 과거 사례를 보면, 기준금리 동결 구간이 장기간 지속될수록 경기 침체 확률이 높아졌다는 점이다. 금리를 정상화하기 전에 경제가 침체에 빠져들었던 것이다. 따라서 이번에도 소비 판매지수가 긍정적으로 나오며 성장률에 대한 기대감이 높아지고 있지만, 높은 수준의 금리와 동결 구간에서 나타나는 침체 확률 상승으로 경제성장률의 상승 폭을 낮추는 요인으로 작용할 가능성이 높다.

홍사훈 : 중국과 일본의 2024년은 어떻게 보는가?

동아시아를 보면 1980년대는 일본이 패권국가였고, 2002년 WTO에 가입한 뒤로는 중국이 패권을 거머쥐었다. 하지만 2024년부터는 일본과 중국의 위상이 뒤바뀌거나 비슷해지는 리플레이스먼트 형국이 나타날 가능성을 점쳐볼 수도 있다.

우선 중국을 보면, 2023년 3분기 경제성장률이 4.9%였다. 시장의 기대치인 4.6%를 뛰어넘었지만, 여전히 중진국 함정에 빠질 가능성을 배제할 수 없다. 중진국 함정이란 소득 수준이 높아지면서 7~8%씩 성장하던 경제가 3~4%로 낮아진다는 의미다. 이처럼 4%대 성장 고착과 위안화 포치(7위안의 고착화) 상황이 오면, 중국의 위상이 하락하는 2024년이 될 가능성이 높다.

따라서 2024년에는 위안화가 약세를 보이며 위안화 캐리 트레이드를 주목해볼 필요가 있다. 알다시피 그동안 '캐리 트레이드'* 하면 엔 캐리 트레이드를 떠올렸다. BOJ(일본 중앙은행)가 마이너스 금리를 지속함으로써 싼 엔화를 금리가 높은 나라로 들여가 시세 차익을 얻을 수 있었기 때문이다. 그러나 엔화가 강세를 보이면서 신흥국에 투자되어 있던 엔화(엔 캐리 트레이드)가 일본으로 회수되고 있는 상황이다. 신흥시장 국가들의 경기 침체에는 이런 원인이 숨어 있다. 정리하면 엔화는 강할 것 같고, 위안화는 좀 약해지는 시대가 올 것 같다. 그렇게 보는 이유는 BOJ는 통화정책 정상화를, 중국 중앙은행인 PBOC는 지속적인 완화정책을 이어갈 것이기 때문이다.

다음으로 일본을 살펴보자. 일본이 '잃어버린 30년'이라 불리는 장기 디플레이션 상황으로 진입하기 직전인 1985년부터 1986년에 미·일반도체협정, 플라자합의 등 다양한 이슈들이 있었다. 알다시피 미·일반도체협정으로 일본의 기라성 같은 반도체 기업들이 무너졌고, 가장 큰 반사이익을 얻은 곳이 한국이었다.

2024년의 미국과 중국의 관계에서 과거 미국과 일본의 데자뷰를 떠올리는 것은 나만의 상상일까? 미국과 중국이 어떤 식으로든 관계 재설정을 위한 협정을 진행할 가능성이 높다. 그렇다면 그때 반사이익을 얻

---

* 캐리 트레이드Carry trade: 저금리로 조달된 자금으로 외국 자산에 투자하는 거래를 뜻한다. 이자가 싼 국가에 본점을 둔 금융기관에서 돈을 빌려 이자가 비싼 국가에 본점을 둔 금융기관에 예치해 차익거래를 하거나 수익률이 높을 것으로 예상되는 국가의 주식이나 부동산에 투자하여 수익을 추구하는 것이다. – 나무위키

을 곳은 어디일까? 여전히 한국이 될 것인가, 아니면 대만이나 다른 국가가 될 것인가? 현재 가장 가능성이 높은 곳 중에 하나는 일본으로 보인다. 최근 일본 주식시장이 좋고, 라피더스라는 반도체 파운드리 드림팀이 결성됐기 때문이다. 이로써 일본이 잃어버렸던 헤게모니를 되찾으며, 중국과 일본의 위상이 뒤바뀌는 2024년이 되지 않을까? 적어도 반도체 부분에서는 변화가 시작되었다. 관심 있게 지켜볼 필요가 있다.

홍사훈 : **우리나라의 2024년은 어떻게 보고 있는가?**

간단하게 말하면, 좋지 않을 것 같다. 한국과 비슷한 국가인 독일이 최근 위태로운 모습을 보이고 있다. 얼마 전까지만 하더라도 독일은 유럽을 이끄는 선두 국가였지만, 이제는 '유럽의 병자sickman'라는 호칭이 붙을 만큼 몰락하고 있다. 그 원인에 대해서는 일반적으로 크게 3가지를 꼽는다.

첫째, 에너지 자원의 높은 해외 의존도 문제다. 이는 한국도 마찬가지다.

둘째, 고용의 질적 하락 문제다. 독일은 고령화 시대에 접어들고 있는데, 이주민을 유입하지 않는다면 인력의 질적 문제가 해결되지 않을 것이다. 이 역시 한국도 겪고 있는 문제다. 한국은 전 세계에서 가장 빠른 고령화 국가다. 한국도 이제는 고용시장의 양극화가 독일 못지않게 심각한 상황인 것이다.

셋째, 중국 경제에 종속된 문제다. 독일은 자동차를 비롯한 수출입 물품의 대부분을 중국에 의존하고 있다. 그렇다면 전 세계에서 독일 다음으로 중국 경제에 종속된 국가는 어디일까? 바로 우리나라이다. 여전히 한국 수출의 1/4이 중국으로 향하고 있다.

이런 의미에서 독일 경제의 몰락이 한국 경제에 시사하는 바가 크다. 독일 경제의 몰락에서 교훈을 얻어야 한다. 에너지 의존도를 줄여나가야 하고, 고용시장의 질적 문제를 해결해야 하고, 중국 경제에 대한 의존도를 줄여야 한다.

2024년의 한국 경제는 이런 난제들을 고쳐나가며 자생력을 키우는 한 해가 될 것이다. 소위 통과의례의 과정이라고 할 수 있다. 당연히 고통이 뒤따르겠지만, 경제 구조의 리모델링이 잘 진행된다면 한국 경제는 다시 한번 날아오를 수 있지 않을까 희망을 가져본다.

> **홍사훈 :** **2024년은 갈수록 불확실성이 커지는 것 같다.**

OECD는 2023년 6월 2024년 세계 경제성장률이 높아질 것으로 전망했었다. 그러나 9월에는 성장률 둔화로 말을 바꿨다(3.0% → 2.7%). 이처럼 내년도 성장률 전망치가 올해보다도 낮은 상황에서 중동 화약고가 변수에서 상수로 바뀐다면 지금보다도 낮아질 수 있다. 결국 내년 성장률을 전망한다면 상승폭 둔화에 배팅하는 게 보다 합리적이라고 말할 수 있다.

또한 2023년 전 세계 인플레이션 수치가 6% 정도일 것으로 내다봤는데, 2024년 이후엔 4.8%로 전망하고 있다. 4.8%는 분명 올해보다는 낮아진 수치지만 여전히 상당히 높은 수준이다. 4% 중후반대의 인플레이션이 지속되는 상황에서 중동 이슈가 장기화된다면 어떻게 될까? 당연히 인플레이션 상승 압력이 높아질 수밖에 없다.

게다가 WTI West Texas Intermediate(서부텍사스산원유) 기준으로 현재 유가가 80달러 중후반인데 100달러 이상으로 상승한다면? 여기에 해외 IB들이 글로벌 CPI가 최대 1% 포인트까지 상승할 개연성(6개월에서 12개월의 시차)이 높다는 전망치를 내놓고 있다. 결과적으로 2024년에도 인플레이션은 비슷할 것이며, 이는 스태그플레이션이라는 최악의 상황까지 염두에 두게 한다.

과거 냉전시대보다 변수가 너무 많아진 것 또한 경제에 불확실성을 안겨주고 있다. 공산주의 구소련 진영과 자본주의 미국 진영으로 나뉘어 대립하던 시기보다 지금은 모든 문제가 복합적이고 다각적이다. 현재 중동에서 나타나는 현상도 그렇다. 이란과 중국은 과연 누구의 편에 설 것이며, 러시아는 또 어떤 역할을 할 것인가와 같은 문제가 복잡하게 얽혀 있다.

작금은 각자도생의 시대라고 정의할 수 있다. 중국은 영향력 확대를 위해 경주하고 있고, 러시아와 서구는 새로운 균형을 향해 헤게모니 싸움을 진행 중이다. 팍스 아메리카나*가 끝나가는 지금 러시아·우크라이나 전쟁, 중동 화약고의 지속성, 대만 이슈는 2024년 전망을 어둡게 하고 있다. 실제로 GPR** 5년 평균치를 보면 계속 상승하고 있다. 1, 2차 세계대전 당시 전 세계 무역량이 급감했던 모습이 이미 2~3년 전부터 나타나고 있다. 당연히 위험지수가 높아질수록 안전자산과 미국 달러에 대한 수요는 늘어나게 될 것이다.

> **홍사훈 : 미국의 리쇼어링 정책의 의미와 전망은 어떤가?**

1920년대 미국은 GDP 대비 농업이 20%, 서비스업이 40%, 제조업이 20% 정도의 비중을 차지했었다. 100년의 시간이 흐른 지금, 미국의 제조업 비중은 절반으로 줄었고, 농업은 거의 1/20로 줄었다. 대신 서비스업이 엄청나게 커졌다. 100년 동안 완전히 다른 국가가 된 것인데, 고용시장의 변화는 보다 더 드라마틱하다. 1920년대 농업이 고용시장에서 차지하는 비중이 약 27%, 제조업 비중이 1/3 정도였다면, 100년이 지난 지금 미국 제조업의 고용시장 비중은 8%밖에 되지 않는다. 전체 비중의 85% 정도가 서비스업에 편중되어 있는 것이다.

---

* 팍스 아메리카나 Pax Americana: 미국이 주도하는 세계 평화를 일컫는 말이다. – 네이버 지식백과

** GPR GeoPolitical Risk index (세계지정학적 위험지수): 세계 지정학적 위험이 악화 혹은 완화됐는지 파악할 수 있는 미국 중앙은행 Fed이 개발한 지수다. – 한경 경제용어사전

주식 포트폴리오나 국가 경제나 어느 한쪽으로 급격히 치우친 것은 효율성이 극히 떨어질 수밖에 없다. 따라서 최근 미국은 바이아메리칸*, 즉 공급망 재편을 하고 있다. 고용시장 비중 8%, GDP 대비 11%의 제조업을 다시 살리기 위해 팔을 걷어붙인 것이다. 당연히 제조업을 되살리기 위해서는 반드시 노동생산성을 높여야 한다.

'바이아메리카' 모델을 패권 경쟁의 일환으로 해석할 수도 있지만 실제로 미국의 경제 위기는 목전까지 차오른 상태다. GDP 대비 정부 부채를 보면 여기서 빚을 더 늘렸다가는 패권을 위협받을 수도 있는 수준이다. 1982년 미국이 세계화를 선언하기 전까지 미국의 무역수지는 괜찮았었다. 그런데 세계화 선언 이후 GDP 대비 정부 부채가 25% 수준에서 현재 4배 정도로 늘었고 무역수지도 급감해 적자가 확대되었다. 미국 내부에서 세계화가 과연 자국에 이로운 일이었는지 자성의 목소리가 나올 수밖에 없는 상황이다.

물론 세계화로 미국은 패권을 좀 더 견고히 할 수 있었다. 비즈니스 모델을 제조업에서 서비스업으로 바꾸면서 상당한 헤게모니를 가진 것도 사실이다. 그러나 얻은 것이 있으면 잃은 부분도 많다. 결국 미국은 임계치를 넘어버린 정부의 부채 문제를 해결하기 위해 기존 성장 모델의 변화를 꾀할 수밖에 없는 상황으로 내몰린 것이다.

---

*   바이아메리칸Buy American: 미국 정부의 자국 물자 우선 구매정책. – 시사경제용어사전

▶ 미국의 리쇼어링 정책

	오바마 행정부	트럼프 행정부	바이든 행정부
시기	2009 ~ 2016	2017 ~ 2020	2021 ~ 현재
주요 내용	GFC 이후 경제성장과 일자리 창출원으로 제조업의 중요성 부각	미국 우선주의의 일환으로 공격적 무역정책 시작	공급망 재편을 위한 리쇼어링 강화
	세제 인센티브, 보조금, 인프라, 인적자원 육성	법인세율 인하(35→21%) 31만개 일자리 창출	안보, 무역 및 통상, 산업정책 간의 연계 강화
	21만 개 제조업 일자리 창출	제조업 부문에서 중국 의존도 축소 (대중 수입 비중 26%→22%)	행정명령 동원 (미국산 물품 구매 등)
	미국 내 일자리 증가와 해외 유출 일자리 상계	무역 및 통상정책에 집중 산업 전방위로 확산 미흡	반도체 투자 증가로 PC, 전자기기 산업 매출 증가 기술산업 일자리 창출

    미국의 리쇼어링*은 2009년 오바마 행정부 때부터 지금까지 3번의 행정부를 거치면서 점차 강화되었다. 오바마 행정부의 리쇼어링은 참여 기업에게 인센티브를 주는 방식이었다. 트럼프 행정부 때는 이런 분위기가 좀 더 강압적으로 바뀌었고, 바이든 행정부에 와서는 리쇼어링을 안 하면 인센티브를 못 받는 데서 그치지 않고 패널티도 부과하겠다는 기조로 바뀌었다. 이런 미국 행정부의 정책 기조 변화는 데이터를 통해 나타나고 있다. 미국 제조업 중에서 건설 지출이 증가하고 있는 것이다. 특히 바이든 행정부에서 기하급수적으로 증가한 모습이다. 바이든 행정부

---

*   리쇼어링Reshoring : 생산비와 인건비 등의 비용을 절감하는 목적으로 해외에 진출한 제조업 이나 서비스 기능을 다시 국내로 되돌리는 현상을 뜻한다. 생산시설 등을 다른 나라로 이전 하는 '오프쇼어링Off-shoring'의 반대 개념이다. – 두산백과

의 리쇼어링에 대한 해석이 분분하지만 데이터를 놓고 볼 때 미국의 자금 증가율이 높아지고 있는 것은 분명한 사실이다.

지금은 생산성*의 싸움이 매우 중요하다. 생산성이 낮아지면, 즉 기업의 실적이 감소하면 미국은 경기 침체를 맞을 가능성이 높다. 미국의 노동생산성은 1994년부터 2000년대 초반까지 계속해서 상승했다. 생산성은 높아지고 물가와 비용은 안정화되면서 미국 경제의 르네상스를 맞았다. 이 시기 결정적인 역할을 한 산업 분야는 두말할 나위 없이 IT 테크놀로지였다.

바이든 행정부는 생산성을 끌어올리면서 물가를 안정화하겠다는 태도를 취하고 있다. 여기에 결정적인 역할을 할 분야가 바로 로봇과 AI 관련 산업이다. 1993년부터 1999년까지 미국의 소비자물가 상승률은 2.4%밖에 안 됐는데, 이때 노동생산성은 −0.6%에서 4.2%로 월등히 높아졌다. 미국이 생산성 향상에 사활을 걸고 있는 이유가 여기에 있다. 따라서 미국의 대선 경쟁에서 노동시장과 생산성에 관한 정책들이 쏟아져 나올 것이다. 그런 상황은 한국 또는 글로벌 투자에 영향을 줄 것이다.

결국 리쇼어링과 외국인 자금을 끌어들이는 게 바이든 행정부의 목적이다. 과거 중국의 FDIForeign Direct Investment(외국인직접투자)는 꾸준히 증가

---

* 생산성productivity : 생산의 효율을 나타내는 지표로 노동생산성·자본생산성·원재료생산성 등이 있다. 노동생산성은 생산량과 그 생산량을 산출하기 위해 투입된 노동량의 비比로서 표시된다. – 두산백과

했다. 중국으로 해외투자금이 물밀 듯이 밀려들었다. 미국은 2014년부터 2016년까지 셰일혁명으로 외국인 투자자금이 급증하다가 이후로는 계속 둔화되는 양상이다. 이런 모습에 미국 행정부가 주목하고 있다.

미국은 리쇼어링과 FDI 유입으로 2010년 이후 약 160만 개의 일자리를 새로 창출했다. 따라서 바이든 행정부 역시 이와 같은 프레임을 내년 대선 카드로 활용할 가능성이 농후하다.

알다시피 2024년은 트럼프와 바이든의 제2차 대선이 시작될 예정이고, 경쟁에서 승리하기 위해 각종 정책들이 난무할 것이다. 우리는 이 정책들에 대한 해석과 함께 실현 가능성을 연구해야 한다. 미국의 노동 생산성을 높이기 위해 트럼프와 바이든은 각각 어떤 주장을 할 것인가? 적어도 AI와 로봇에 산업 역량을 집중하겠다는 공약은 트럼프, 바이든 할 것 없이 공통적이지 않을까 예상한다.

앞으로 강달러와 중금리 고물가 시대가 지속될 것이다. 물가는 더이상 높아지거나 낮아지지 않는 상태로 2024년 상반기까지 유지될 가능성이 높다.

최근 인플레이션이 대두된 여러 이유 중에서 공급망 이슈가 가장 큰 요인으로 보인다. 공급망 차질로 인해 인플레이션이 가중된 것이다. 현재 미국의 인플레이션은 정상화된 모습을 보이고 있는데, 이를 보면 공급망 이슈는 이제 마무리되었다고 볼 수 있다.

그리고 고용지표 중에서 임금 상승률을 주목해야 한다. 최근 임금 상승률의 하방 경직성 때문에 핵심 소비자물가가 어떻게 될 것인지가 중요한 문제다. 하방 경직성을 보이는 임금은 물가의 상승 요인이기 때문이다. 2024년 미국 노동자의 임금은 크게 낮아질 것 같지 않다. 따라서 미국은 물가를 뛰어넘는 생산성을 만들어야 한다.

미국 연준의 노력으로 2024년 인플레이션 전망치는 많이 낮아졌다. 유가를 비롯해 소비자물가 상승률이 내려왔기 때문이다. 문제는 3년 뒤, 5년 뒤의 기대 인플레이션 전망 수치는 높아지고 있다는 점이다. 이제 과거의 저금리 시대가 끝났고, 중금리 시대로 접어들었음을 미국 소비자들이 인지하고 있기 때문일 것이다.

홍사훈: 바이든이냐 트럼프냐에 따라서 투자 포인트는 어떻게 달라질까?

기본적으로 바이든이든 트럼프든 AI와 로봇에 대대적인 투자를 진행할 것으로 전망한다. 하지만 민주당과 공화당은 경제를 꾸려가는 전략 자체가 다르다. 바이든이 신재생에너지에 정책을 집중하는 반면, 트럼프는 전통 에너지산업에 신경을 쓰는 편이다. 따라서 만약 2024년 미국 대선에서 바이든의 재선이 실패한다면 투자 환경이 상당히 복잡해질 가능성이 높다.

물론 트럼프가 당선된다고 해서 신재생에너지 정책이 전면 백지화되지는 않을 것이다. 두 가지 이유가 있는데 첫째, 바이든 행정부 들어 IRA를 위시한 신재생에너지 정책의 혜택을 민주당 지역구보다 공화당 지역구에서 더 얻고 있다. 실제로 지난 2년간 신재생에너지 인프라 건설 지역은 공화당 지역이 58%, 민주당 지역이 42%였다. 둘째, 중국과의 패권 경쟁에서 우위를 점하기 위해서는 신재생에너지로의 전환은 필수이기 때문이다. 즉, 공화당과 민주당을 차치하고 신재생에너지는 초당적인 정책 어젠다로 자리매김할 것이다.

03

한국 경제, 위기와 극복 방안

2023년 초 미국 은행업을 보면 2008년 금융위기와 비슷한 모습을 보이고 있다. 특히 지역은행이 무너지고 있는데, 하반기에도 이런 추세는 이어지고 있다. 하지만 파월 연준 의장은 적극적인 개입보다는 사태를 관망하며 대형은행이 지역은행을 흡수할 것이며 뱅크런은 일어나지 않을 거라 말하고 있다. 그러나 금리가 높아지는 상황에서 상업용 부동산 부채는 미국판 PF 대출 위기를 불러올 수도 있다.

▶ 상업용 부동산 대출 현황

은행 규모	개수	규모(십억 달러)	비중(%)
7,000억 달러 이상	6	408	15
2,500억 달러~7,000억 달러	8	222	8
1,800억 달러~2,500억 달러	12	201	7
1,000억 달러~1,800억 달러	10	143	5
1,000억 달러 미만	839	1,788	65
합계	875	2,762	100

자료: 미 재무부

현재 미국 상업용 부동산 경기는 무척 좋지 않다. 특히 표를 보면 알겠지만, 1,000억 달러 미만 규모의 소형은행들의 상황이 무척 심각하다. 상업용 부동산에 진행한 대출의 65%를 소형은행이 진행했다. 이런 이유로 기업 대출도 이전보다 훨씬 까다롭게 진행되고 있는 중이다. 당연히 이런 상황에서는 은행의 수익성에 우려가 생길 수밖에 없다. 연준에 따르면 은행의 대출 능력이 1% 포인트 감소할 때마다 GDP는 0.445% 감소한다. 연준 내에서도 GDP 성장률에 우려를 가질 수밖에 없는 것이다.

일본도 물가가 높아지고 있다. 일본의 중앙은행인 BOJBank of Japan가 YCC의 유연화를 이야기하며 '기민한 오퍼레이션으로 대응하겠다'고 발표했다. 여기서 기민하다는 뜻은 엄격하게 대응하는 긴축이 아닌, 그때그때 상황에 따라 폭을 조정하겠다는 뜻이다. 이는 BOJ도 긴축을 했을 때 나타날 일본 금융시장의 후폭풍을 우려하고 있기 때문이다. 미국과 일본의 금리 차로 최근 엔화가 약세를 보이고 있다. 이런 엔화 약세는 일본의 물가 상승을 높일 수 있는 우려가 있으므로 YCC의 유연성을 높인 것으로 보인다.

우리나라도 신흥국 중에서는 물가가 높은 수준이다. 태국, 중국, 베트남에 비해서 물가가 여전히 높은데 반해, 꽤 오랜 시간 금리를 동결하고 있다. 그래선지 세계 금융시장에서는 한국의 금리 인하에 배팅하고 있는데, 물가가 피크를 찍고 내려오긴 했지만 아직 금리 인하 결정은 쉽지 않아 보인다.

> **홍사훈 :** **한국의 상황은 어떤가?**

한국 정부의 2023년 하반기 정책은 '경기 부양'에 방점이 찍혀 있다. 물가는 여전히 높지만 정부가 경기 부양에 전력을 기울이고 있는 것이다. 실제로 2023년 상반기를 보면 전반적으로 유가가 안정화된 상황에서 정부는 물가 관리를 위해 라면, 소주 같은 대표적인 서민 식품의 가격 인하를 위해 기업을 압박했다. 정부가 물가 상승을 틀어막고 있는 형국이었던 것이다(이런 정책은 더 큰 부작용을 일으킬 가능성이 높다. 2024년 총선 이후 과연 그동안 억눌렀던 물가가 그대로 있을까?). 그러나 경기 부양을 위해 정부가 무리해서 물가를 억눌러도 전기세, 가스비가 인상됐고, 가공식품의 물가 상승률이 높았다.

나는 여러 매체에서 한국 거시경제 지표의 착시현상을 조심해야 한다고 말한 바 있다. 먼저 '소비자 심리지수'를 살펴보자. 소비자 심리지수가 2023년 상반기에 반등했다며 뉴스에서 경기가 침체를 벗어나 나아지고 있다고 보도하는데, 정확한 이유는 전혀 관련이 없다. 소비자 심리지수가 반등한 이유는 1년 후 인플레이션 예상치가 떨어졌기 때문이다. 그 이유는 짐작하다시피 정부가 서민 물가를 강제로 억누르고 있기 때문이다. 그러나 앞서 이야기했듯이 언제까지 물가를 억누를 수는 없다. 오히려 억누르는 강도가 세고 오래 지속될수록 이후 반등하는 물가를 생각하면 절대 좋아할 만한 일이 아니다.

다음으로 '무역수지'가 흑자로 돌아섰다는 보도가 나왔다. 2023년 6월 기준, 전년 동월 대비 수출은 마이너스였다. 그럼에도 불구하고 무역수지는 흑자로 바뀌었는데, 이유를 보면 역시 절대 좋아할 일이 아니다. 수출에 비해 수입이 크게 줄어들었기 때문이다. 수입이 줄어드는 것은 왜일까? 경기가 그만큼 불황인 탓이다. 경기에 대한 불안감에 국민들이 외국에서 사오는 물건의 양이 줄어들었던 것이다. 즉, 무역수지가 흑자로 바뀌었다고 박수를 칠 일이 아니라, 전형적인 '불황형 흑자'이다. 이처럼 소비심리가 좋아지고 있고 무역수지도 흑자가 되었다고 하지만, 우리 경제가 개선되었다고 할 수 있을까? 이것이 바로 지표가 주는 착시현상이다.

실제 현실을 보자. GDP 대비 가계 부채가 106%에 육박했다. 여기에 전세 대출까지 합산하면 160%에 달한다. 사상 초유의 사태인 것이다. 가계 원리금 대비 부책 상환액 비율이 14%에 달하고 있다(2022년 4분기). 모든 가계가 수입의 상당 부분을 부채에 대한 원리금과 이자를 갚는 데 쓰고 있다는 뜻이다.

따라서 '거시경제 지표가 좋아졌다' 또는 '한국 경제 괜찮다'라고 보는 것은 위험한 시각일 수밖에 없다. 정부는 언제 터질지 모를 부채 위기를 관리하기 위해 최선을 다해야 한다. 결국 한계가 있는 가계 부채 총령 관리보다는 어떻게든 성장을 이끌어야 한다. 그렇기 때문에 정부는 성장에 드라이브를 걸 수밖에 없는 상황인데, 많은 어려움이 따를 것이다.

한국 경제를 이끄는 두 축인 '내수'와 '수출' 중에서 먼저 내수를 살펴보자. 내수는 걱정이 크다. 한국은 G20 국가 중에서 가계 부채가 GDP보다 많은 유일한 나라가 됐다. 그만큼 원리금 상환액 비율이 높아지고 있는 상황이다. 기업의 부진 역시 심각하다. 현재 한국의 기업 부도 증가율은 약 40%로 60%인 네덜란드에 이어 세계에서 두 번째로 높다. 가계도 기업도 돈이 씨가 마르고 있는 것이다. 이런 상황에서 정부가 경기 부양을 위해 각종 정책을 내놓는다고 극적인 변화가 있을까? 실효성에 의문이 들 수밖에 없다.

결국 우리 경제의 키는 '수출'에 있다. 2022년 3월 대중 수출이 정점을 찍은 뒤로 1년 3개월 동안 약 50억 달러가 줄어들었다. 중국의 경기 침체로 인한 감소도 있고, 중국과 상관없이 우리 산업의 경쟁력이 상실된 측면도 있다. 후자는 우리의 구조적인 문제 때문이다. 따라서 중국 경제가 좋아지기만을 기다려서는 안 된다. 한국의 대중 수출은 이전과는 다른 전략과 전술이 있어야만 한다.

그나마 다행이랄까. 미국향 수출이 2023년 하반기부터 증가하고 있다. 현 추세로 보면 미국향 수출이 중국향 수출을 앞지를 가능성이 높다.

2003년 이후 20년 만에 한국의 제1의 수출 국가가 다시 미국으로 바뀌는 모습을 보게 될 수도 있는 것이다.

그러나 중국의 경기 향방은 여전히 우리에게 중요하다. 중국은 지금 디플레이션 상황에 놓여 있다. 중국의 생산자물가가 마이너스 영역에서 머무르고 있는데, 이는 중국 주식시장은 물론 중국의 생존에도 직결될 수 있는 문제다. 중국의 생산자물가 하락은 미국의 중국산 수입 물가 하락을 가져오고, 그것이 미국의 소비자물가에서도 하락과 둔화의 방향으로 영향을 끼치기 때문이다.

연준이 인플레이션을 잡기 위해 기준금리 인상을 계속 시사하고 있지만, 해외 IB들은 금리 인상이 이제 마지막이지 않을까 예상하고 있다. 다른 상황을 배제하고라도 디플레이션 압력이 지속되고 있는 중국의 경제 상황이 영향을 미칠 가능성이 높기 때문이다.

홍사훈 : **향후 주도주는 무엇인가?**

인플레이션이 높아진다는 것은 비용이 높아진다는 뜻이다. 즉, 기업의 이익률이 떨어지고 있는 중이다. 지금까지 주식시장을 주도하는 종목은 높은 미래 성장성을 지닌 기업과 산업이었다. 아직은 뚜렷한 실적이 없지만 미래 성장도가 높은 종목이 주목받았다. 그러나 이제는 실적을 확인할 수 없는 종목보다는 명확한 숫자가 파악되는, 즉 철처히 실적을 파악할 수 있는 기업과 산업에 주목할 필요가 있다. 특히 그중에서도 우리 정부의 대외 정책을 놓고 봤을 때, 중국 수출에 주력하고 있는 기업과 산업보다는 미국과 관련된 기업과 산업을 눈여겨보는 것이 좋다. 그리고 현재의 턴어라운드 장세에서는 반도체 관련 기업들을 살펴볼 필요가 있다.

포트폴리오는 한 분야에 집중하기보다 분산하고 다양화할 것을 추천한다. 비중은 올해 하반기부터 2024년 상반기까지는 한국보다는 미국 자산이 좋아 보인다. 주식도 마찬가지다. 따라서 미국에 대한 투자 비중을 조금 더 높이 가져갈 필요가 있다. 산업 분야를 정한다면 역시 AI와 로봇을 담당하는 테크 기업들을 좋게 보고 있다. 한국 기업은 한국 지수에 대한 중요도보다는 미국 산업의 2차 밴드인 기업들이 각광받을 가능성이 높다.

2024년의 한국은 올해의 암울했던 무역수지를 회복하며 성장세를 보일 것이다. 경제지표를 보면 조금씩 살아나고 있는 것이 보이기 때문이다. 실물경제를 선행하는 경기선행지수도 상승 전환하기 시작했다. 그러나 대부분의 사람들이 기대하는 'V'자 반등처럼 괄목할 만한 반등은 기대하기 힘들다. 즉, 교역량 회복에 대한 눈높이를 보수적으로 조절할 필요가 있다.

한문도

부동산 시장, 역대급 조정이 온다

01

PF 대출, 지원보다 정리가 우선이다

2023년 우리나라 건설업계가 최악의 위기를 맞고 있다. 2022년 이후 지속되고 있는 고금리 장기화로 부동산 경기가 극도로 침체되며 미분양 급증, 고환율에 의한 공사비 급증, PF 대출 부진 등으로 중소 건설사들의 부도가 잇따르고 있다.

홍사훈 : 건설사들이 위험하다는 시그널이 계속 나오고 있다. 얼마나 위험한 것인가?

11월까지 폐업 신고를 한 종합건설업체가 490곳이 넘었다. 작년보다 67% 증가한 수치로 2006년 이후 17년 만에 최다 폐업이다. 지방 미분

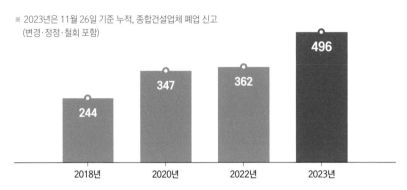

▶ 증가하는 건설사 폐업

(단위: 개 사)

※ 2023년은 11월 26일 기준 누적, 종합건설업체 폐업 신고
(변경·정정·철회 포함)

- 2018년: 244
- 2020년: 347
- 2022년: 362
- 2023년: 496

자료: 국토부

양 문제도 심각하다. HUG(주택도시보증공사)가 분양 사고 위험이 높다고 판단해 관리하는 사업장만 전국에 90곳이 넘는다. 미분양, PF 대출, 공사비 급증, 저조한 입주율이 중소 건설사를 넘어 점점 대형 건설사까지 위협하기 시작했다.

정부는 건설사 한 곳이 무너지면 연결된 하청회사들에도 연쇄적으로 문제가 발생할 가능성이 높다는 이류로 현재 상황을 유지하려고 노력 중인데, 안타깝지만 사업성이 없다면 회사를 정리하는 것이 옳다. 그러면 토지가격이 내려가고, 분양가가 내려가며 주택시장이 안정화되고, 다시금 수요가 생기게 된다. 이게 바로 부동산 시장이 정상화되는 과정이다.

2008년 글로벌 금융위기 당시를 되돌아볼 필요가 있다. 금융위기가 터지자 당시 정부도 현 정부와 거의 흡사한 미분양 대책들을 내놨는

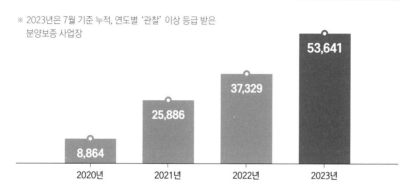

▶ 늘어나는 '위험 건설' 사업장 (단위: 가구)

※ 2023년은 7월 기준 누적, 연도별 '관찰' 이상 등급 받은
분양보증 사업장

2020년	2021년	2022년	2023년
8,864	25,886	37,329	53,641

자료: HUG

데, 다른 점이 있었다. 바로 건설사에 구조 개혁을 강력하게 요구한 것이다. 구체적으로 살펴보면 건설사가 분양가를 10%, 20% 인하하면, 정부가 자금을 지원하고 LTV도 85%로 올려줬다(당시는 DSR제도가 없었다). 현 정부가 생애최초주택자금대출로 지원한 80%보다 더 많은 지원을 하기도 했다. 이처럼 건설사는 싸게 팔고 수요자는 싸게 사는 윈윈 정책으로 미분양 문제를 해결하려 노력했지만, 결과는 어땠을까? 모든 사업장을 구제하기에는 역부족이었다. 수익성을 초과한 손해를 감당할 수 없게 된 사업장들은 버티고 버티다가 결국에는 정리됐고, 2011년 이들 사업장에 PF 대출을 해줬던 부산상호저축은행을 비롯한 11개의 사모 저축은행들도 연달아 무너졌다. 늦춰봤자 터질 것은 반드시 터진다는 것이다.

현재 우리나라의 가계 부채가 100%를 넘었다. 한국은행이 이런 경우 우리 경제에 위기가 닥칠 확률이 70%~80% 이상 높아진다고 보고서를 쓸 정도로 심각한 상황이다. 따라서 경제 펀더멘털을 개선하기 위해 시급히 긴축을 해야 될 상황인데, 정부 정책을 보면 주택담보대출을 늘리는 등 거꾸로 가고 있다. 3월까지는 가계 대출이 조금 줄어드는가 싶었지만 4월부터 다시 늘어나기 시작해 6, 7월에는 주택담보대출이 6조 원, 7조 원씩 증가하고 있는 상황이다.

지난 11월 내한한 BIS(국제결제은행) 사무총장이 한국은행장과 간담회를 가진 자리에서 "한국은 부동산 집값을 낮추고 구조 개혁을 해야 한다"라고 지적한 바 있다. 이미 4월 한국은행과 금융감독원은 BIS 산하 바젤은행감독위원회BCBS와 금융안정위원회FSB가 주관하는 글로벌 스트레스 테스트GST, Global Stress Test에 참여해 향후 3년간 국가별 거시경제변수 시나리오(경제성장률 등) 및 테스트 실시 기준을 제공받기로 했다. 12월 정부가 발표 예정인 주택담보대출에 대한 '스트레스 테스트 DSR'이 갑자기 나온 게 아닌 것이다. 결국 BIS 사무총장의 내한과 12월 정부의 가계부채에 대한 긴축 방향 전환은 심각한 가계 부채 문제에 대한 궁여지책이라고 볼 수 있다.

현 정부는 PF 대출을 한국 경제의 가장 큰 불안 요소로 생각하는 것 같다. 만약 PF 대출이 터지면 금융권으로 번져 경제 전체가 다 무너질 가능성을 두려워하는 것이다. 이런 이유로 올 하반기나 (정치적인 해석일 수도 있지만) 4월 국회의원 선거 전까지는 세수가 부족한 상황에서도 어떻게든 부동산 시장에 돈을 퍼붓고 있다. 당장 고통스럽더라도 썩은 부위를 빨리 도려내야 하는데, 그대로 방치하고 있는 것이다.

그러나 과연 정부가 걱정하는 만큼의 최악의 상황이 올까? 앞서 말한 것처럼 2011년 11개 저축은행이 부도가 났지만, 우리나라에 무슨 큰일이 벌어졌는가? 물론 저축은행 부도로 피해를 본 국민에게는 엄청난 고통이었지만 대한민국은 굳건하게 경제를 이어갔다. 도리어 부동산 버블과 PF 부실이 정리되면서 토지가격이 하향 정상화돼 주택가격이 안정되고 가계 부채가 감소하는 등 경제 펀더멘털에는 긍정적인 요인이 더 많았다. 별 탈 없이 위기를 넘긴 것이다. 이처럼 우리 한민족의 저력은 이미 IMF 외환위기의 극복 과정에서 잘 보여주었다는 사실을 반면교사 삼아야 한다.

> **홍사훈 :** **2011년 저축은행 부도 사태와 비슷하게 지난 7월에도 새마을금고 뱅크런 사태가 있었다.**

새마을금고의 PF 대출 부실이 심각해 연체율이 급등하고 있다는 뉴스에 고객들이 집단적으로 예금을 인출한 것이다. 깜짝 놀란 정부와 새마을금고연합회가 부랴부랴 경영 혁신과 PF 대출 리스크 관리로 신뢰를 회복하겠다고 하지만, 정확히 말하면 정부가 사업성이 떨어지거나 부실 우려가 있는 부동산 PF 사업장에 급히 2조 2,000억 원을 지원하는 등 돈을 퍼부어 사태를 막은 것뿐이다.

국민 주거안정을 위한 주택공급 활성화 방안중

금융분야 주요대책

정상 사업장, 건설사에 대한 자금공급	사업성 부족, 부실우려 사업장에 대한 지원
PF 대출 보증 확대 + 10조원	대주단 협약 지원 187개 사업장 적용 (2023년 8월 말)
건설사 보증과 P-CBO 매입한도 확대 + 3조원	PF정상화 펀드 가동 + 2.2조원
건설공제조합 책임준공 및 PF, 모기지 보증 + 6조원	• 캠코펀드 + 1.1조원 • 금융권 자체펀드 + 1.1조원

자료: 금융위원회

　　정부의 지원책은 여기서 그치지 않고 있다. HF(주택금융공사)와 HUG(주택도시보증공사)가 PF 사업자 보증 규모를 5조 원씩 증액해 10조 원의 추가 보증 여력을 확보했다. 산업은행과 기업은행, 신용보증기금 등 정책금융 기관은 부동산 PF 사업장과 건설사 안정화를 위해 11월부터 7조 2,000억 원 이상을 공급하기로 했다. 그 밖에도 나라 전체가 건설업을 구하기 위해 그야말로 팔을 걷어붙이고 나선 형국이다.

　　마찬가지로 자산관리공사의 대응 역시 부실한 느낌을 지울 수 없다. 정부 지원 공고에 80~90개 PF 대출 사업장이 지원했는데, 그중에서 20~25%를 지원하는 방향은 좋지만, 문제는 새마을금고의 정확한 부실 규모를 모르고 있다는 것이다. 문제를 빨리 가시화해 정리해야 하는데 자꾸 덮으려는 모습만 보여주고 있는데, 몇조 원씩 자금을 지원하고 문제를 덮는다고 해결이 될까? 의 본질은 분양이 돼서 미래에 현금들이 들어와야 되는 것이다. 그러나 현재 부동산 시장은 알다시피 분양 자체가 안 되고 있는 상황이다. 그러면 당연히 손실을 감수해야 하는데, 정부가 앞장서 쓰러지는 기업을 억지로 떠받치고 살아나기만 기다리고 있으니 비정상적이지 않을 수 없다.

정부는 부동산 시장에 다시 한 번 광풍이 불기를 바라며 버티고 있는 것 같다. 미국이 갑자기 기준금리를 확 낮춰 유동성이 풀리면 집값이 다시 뛰게 될 테고, 그러면 건설사들도 숨통이 트이며 모든 문제가 말끔히 해결될 거라고 말이다. 그러나 요행은 도박판에서나 바라야지 현실 경제에선 함부로 적용해선 안 되지 않겠는가?

작금의 현실은 어떤가? 한국은행의 기준금리는 계속 동결되고 있고, 기축통화국인 미국과의 금리 차는 역대 최고를 기록 중이다. 최근 1~2년간 대부분의 경제학자들은 한국 경제의 안정적 펀더멘털 유지를 위해서는 원·달러 환율이 1,150원 수준을 유지해야 한다고 지속해서 강조했다(노무현 정부 말기인 2007년 10월 환율은 900원 대였다). 그러나 2023년에는 한때 환율이 1,360원까지 치솟았다. 이와 같은 지속된 고환율로 수입 물가가 상승하면 국내 물가 역시 올라 가계 경제에 큰 부담이 된다. 실제로 23년 2분기 가계의 실질소득을 보면 2006년 이후 최대 폭으로 감소하고 있다. 2008년 글로벌 금융위기 때보다도 실질소득 감소 폭이 크다는 점은 경제 위기가 앞당겨졌음을 뜻하는 것은 아닐까?

현실은 가계소득이 증가하기는커녕 상위 1, 2, 3분위만 소득이 증가하고 나머지는 모두 감소하면서 양극화 현상이 심화되고 있다. 혹자들은 금리가 낮아지면 집을 사게 될 거라고 기대하지만, 금리가 낮아도 경제 상황이 받쳐주지 않거나 수요가 감소하면, 즉 주택 구매력이 감소하게 되면 주택시장은 하향할 수밖에 없다. 2010년~2012년 한국의 기준금리는 2.0%에 불과했지만 부동산 시장은 하락세였다. 경기가 침체, 둔화 국면일 때는 주택을 살 수요 자체가 감소하기 때문이다. 따라서 대출 한도를 늘려주며 빚 내서 집을 사라는 정부의 시나리오는 한계가 있을 수밖에 없다.

그럼에도 정부는 특례보금자리론 41조 원과 50년 주택담보대출 10조 원을 투입해 지난 9개월간 인위적 주택가격 상승을 이끌었다. 그렇다면 효과는 어땠을까? 9개월 만에 약발이 다했다. 9월 이후 3개월 연속다시 거래량이 감소해 2차 하락기를 맞고 있다. 이런데도 내년 2024년에는 급기야 '신생아 대출'이라는 저출산을 명분으로 한 초저금리의 정책자금 대출을 26조 6천억 원이나 책정했다. 약 50조 원의 정책 대출이 지난 9개월 동안 시장을 떠받쳤으니, 단순 계산으로 26조 6천억 원을 지원해도 4개월에서 5개월이 지나면 이 또한 약발이 다할 것으로 예측된다.

26조 6천억 원 중에서 8조 원 정도만 정책자금이고 나머지 18조원은 은행 대출이라는 점 또한 문제다. 민간은행이 시중금리보다 낮게 대출을 해주는 것이기 때문에 정부가 이자 차액을 보전해줘야 하는데, 이를 국민 세금으로 안정적으로 보장해주는 것이니만큼 변칙적 은행 영업 대리 행위는 아닌지 되묻지 않을 수 없다. 예를 들어 시중금리가 5%인 경우 신생아 대출이 평균 2%라고 가정하면 3%의 이자율 차이가 발생하는데, 18조 원에 대한 3% 이자를 정부가 차액 보전한다면 매년

6천억 원씩 5년간 3조 원의 국민 혈세가 은행의 이자 장사에 쓰인다는 뜻이다.

따라서 정책의 진정성이 전혀 담보되지 않는 무책임한 집값 떠받치기를 통한 건설사와 은행을 위한 정책이 아닌지 정부는 명확하게 입장을 밝혀야 한다. 전세 사기 피해로 길거리에 내몰리고 극단적 선택을 하는 젊은이들에게 과연 정부는 뭐라고 할 것인가! 결국 밑 빠진 독에 물붓기 식의 대출 정책은 그만둬야 한다. 긴 호흡을 가지고 시장에 대처하는 게 합리적 대처 방안이다.

홍사훈 : **부동산 PF 대출 문제가 어느 정도로 심각한 것인가?**

2022년 하반기부터 부동산 PF 대출 문제가 대한민국 경제의 뇌관이 될 거라는 말이 하도 많이 떠돌아 이제는 내성이 생길 정도다. 실제로 현장은 어떤 상황인지 알아보기 전에, 부동산 개발이 어떻게 진행되는지 단계별 용어부터 친숙해질 필요가 있다.

부동산 개발을 위해서는 토지 매입부터 시작해 각종 인허가를 득해야 하며, 그 과정에서 다양한 비용이 발생한다. 따라서 시행사는 초기 비용을 마련하기 위해 브릿지론Bridge lone(계약금 대출 PF)을 금융권에서 받게된다. 당연히 담보도 없고, 인허가 리스크, 분양 리스크도 높기에 1금융권보다는 저축은행, 증권자, 캐피탈 같은 2금융권에서 고금리로 대출을 진행한다. 브릿지론은 보통 ABCP* 수익률 조건이 A1 등급 밑이면 12~14% 정도의 고금리로 책정되고, 여기에 3%~5%의 수수료와 관리비, 계약비 같은 부대비용까지 들어간다. 사업이 성공하면 막대한 수익을 얻을 수 있기에 SPC**는 높은 이자 부담을 진다.

브릿지론이 통과되면 다음 순서가 시작된다. 인허가를 받고 부지 매입을 완료하는 등 사업이 물살을 타면 시행사가 본격적으로 투자 유치를 진행하는 것이다. 이때 시행사가 금융권에서 받는 대출을 텀 론Term lone(본 PF)이라 부른다. 본 PF 대출이 성공하면 기존에 받았던 브릿지론을 상환하는데, 이 외에도 다양한 자금 충당 방법들이 있지만 기본적인 사업 프로세스는 위와 같다고 할 수 있다.

금융권이 시행사에 실시한 본 PF 대출은 통상 유동화증권으로 전환돼 투자자에게 매각된다. 이렇게 유동화를 통해 조달한 자금은 사업에 투입되고 향후 분양을 통해 분양대금을 회수하는 과정에서 상환되는

---

* ABCP Asset Backed Commercial Paper (자산유동화 기업어음): 자산담보부증권ABS의 한 형태로 매출채권 등 만기가 비교적 짧은 자산을 기초로 CP(기업어음)를 발행하는 것이다. 기업 입장에선 장단기 금리차 때문에 ABS 발행보다 자금조달비용을 줄일수 있어 유리하다. 기존 ABS의 조달금리가 평균 연 9.5~10.5%라면 ABCP는 평균 연 8.5~9%에 자금을 조달할 수 있다. 투자자 입장에선 소비자금융채권 등 비교적 안정적인 자산을 근거로 발행되는네나 3개월짜리 단기상품이기 때문에 안정성과 유동성을 동시에 확보할 수 있다. – 네이버 지식백과

** SPC special purpose company (유동화전문회사): 말 그대로 특수한 목적을 달성하기 위해 만든 1회성 회사이며 흔히 페이퍼 컴퍼니로 만들어진다. 상법에 규정되지 않은 한 아무 형태로나 만들 수 있으나 대개는 외부 간섭이 적으면서도 유한책임만을 질 수 있는 유한회사로 만든다. 유동화전문회사, SPAC 등이 이에 속한다. – 나무위키

구조가 부동산 PF 사업의 자금 순환구조라고 할 수 있다. 증권사 같은 경우 간혹 직접 자금을 투자하기도 하지만 통상 유동화증권에 채무보증을 제공해 신용 보강을 통해 투자자로부터 자금을 조달한다.

문제는 현재 부동산 PF 자산유동화증권(ABS, ABCP) 발행이 반토막으로 줄어들었다는 것이다. 또한 유동화증권에는 만기 1년 이상의 ABS, 3개월~6개월인 ABCP, 3개월 이하인 ABSTB(자산담보부단기사채)가 있는데, 시장 위험이 늘어나며 각 증권의 만기가 짧아지는 추세를 보이고 있다. 이는 사업장들의 본 PF 진행이 어려워지고 있다는 뜻이다. 당연히 신규 사업장이 브릿지론을 받기는 더더욱 어려울 수밖에 없다.

부동산 시장은 본 PF 대출이 얼마나 활성화되었는지, 브릿지론에서 본 PF로 전환되는지 딱 2가지만 봐도 정확히 파악할 수 있는데, 브릿지론에서 본 PF로 넘어가는 사업장이 거의 없는 상황이다. 이런 경우 본 PF 전환이 안 돼 사업이 연기되어도 이자는 꼬박꼬박 12%~14%씩 나가니 버틸 수가 없다. 그럼에도 정부는 부실 사업장들을 과감히 정리할 생각은 하지 않고 2조 2,000억 원의 PF 정상화펀드를 비롯해 PF 대출보증 25조 원이라는 막대한 예산을 투입하고 있다. 현재 신청받은 181개 사업장 중에서 66개 사업장은 가능성이 있으니 살려주겠다는데, 66개 사업장이 살아나기 전까지 계속 발생할 고금리 이자는 어떻게 할 것인가?

여기서 또 한 번 정부의 대응책에 실소를 금할 수가 없다. 바로 이자 유예, 즉 후불제로 바꾼 것이다. 사업에 성공해 돈을 벌게 되면 그때 밀린 이자를 내라는 뜻이다. 정상화펀드, 이자후취보증, PD 대출보증 모

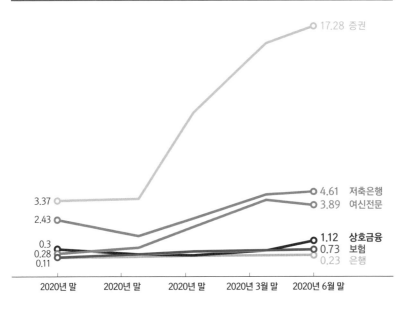

▶ 금융권 PF 대출 연체율　　　　　　　　　　　　　　(단위: %)

17.28 증권

3.37

2.43

0.3
0.28
0.11

4.61 저축은행
3.89 여신전문

1.12 **상호금융**
0.73 보험
0.23 은행

2020년 말　　2020년 말　　2020년 말　　2020년 3월 말　　2020년 6월 말

자료: 금융위원회

두 정부가 국민의 돈을 건설사를 위해 펑펑 써대고 있는 정책인데, 국민이 낸 세금을 미친 집값을 떠받치는 정책에 쓰는 국가가 세상에 어디 있는가!

　　정부가 왜 이렇게 건설사들을 지원하는지 의심의 눈을 거둘 수가 없다. 현장에 나가보면 오랜 시간 정상적으로 부동산업을 영위하고 있는, 심지어 평소 건설사에 우호적인 이들조차 비판의 목소리를 높이고 있다. 현 상황은 건설사들이 부린 탐욕의 결과이며, 망할 회사는 망해야 한다는 것이다. 그래야 버블이 조정되고 다음 사업자가 사업할 수 있는 토지가격이 형성되기 때문이다.

2023년 11월 현재 부동산 시장을 보면, 신탁사의 건설 현장 공매가 넘쳐나고 있다. 심지어 대주협력단 사이에도 갈등이 생기기 시작했다. 이미 23년 7월 중구 회현동 삼부빌딩이 7차례 공매 끝에 매각되면서 채권 1순위인 새마을금고가 460억을 회수했다. 최근 청담동 주상복합 현장인 르피에르 청담과 루시아 홀딩스의 루시아 청담 현장도 아슬아슬한 줄타기를 하고 있다. 르피에르 청담의 경우 평당 3억여 원에 매입한 높은 토지가격으로 인해 분양가가 너무 높았다. 그 결과 23년 4월 분양에 나섰지만 832가구 모집에 7건 접수라는 참패로 이어졌고, 이후 사업 진행이 지지부진해지자 1순위 채권자인 새마을금고가 채권 회수를 결정했다. 그런데 15일 만에 돌연 태도를 바꿔 만기를 1년 연장했다. 아마도 정부의 입김이 작용한 것으로 추측된다.

정부가 대주협력단을 내세워 브릿지론으로 고수익을 탐내던 2금융권을 보호하려는 이유를 이해할 수가 없다. 증권사 등 일부 2금융권에 문제가 있으면 문제를 처리하는 것이 순리이다. 거듭 말하지만, 사업성이 없는 현장들은 정리되어야 다음 생태계가 원활하게 작동된다. 정부는 무슨 목적으로 2금융권의 탐욕을 제거하지 못하고 억지로 살리려고 정성을 기울이는 것일까? 총선 전까지 정치적 부담을 지지 않기 위한 게 아닌지 의심을 지울 수 없다. 심지어 민생은 뒷전으로 미룬 채 말이다. 그러나 이로 인해 일부 금융기관과 시행사의 모럴 해저드가 극심해지고 있다는 것은 공공연한 사실이다. 현재의 땜질식 부동산 정책은 국내 경제에 전혀 도움이 안 된다. 무엇보다 추후 더 큰 리스크로 시장에 발현될 가능성이 높다.

지금까지 부동산 PF 대출 문제에 대해 간단히 알아봤다. 일반 국민은 사업을 벌이다 망해도 그 누구도 도와주지 않는다. 마찬가지로 부동산 PF도 사업 계획이 잘못됐으면 당연히 망해야 한다. 그래야 자본주의의 근본이 유지되고 경제의 활력을 다시 찾을 수 있다. 하지만 현실은 정부가 가뜩이나 줄어들고 있는 세수를 쏟아부어 쓰러지는 사업을 멱살을 잡아 올리고 있다. 진짜 나라가 망할 위험 때문인지, 부동산 카르텔의 이익을 위해선지 모를 일이다. 건설사와 금융기관을 위한 가짜 정부가 아니라 국민과 국가를 위한 정부가 되기 바란다.

02

나라를 망치는 최악의
부동산 부양책

    정부의 지원으로 지방을 제외한 서울과 수도권의 집값이 9월까지 상승하는 모습을 보였지만, 10월 이후 지방은 3달째 서울도 2달째 아파트를 비롯한 비아파트 모두 다시 거래량이 감소하고 있다. 정부의 인위적인 대출 정책, 특히 전 세계가 시행하고 있는 DSR(총부채원리금상환비율)마저 편법으로 우회해 시행한 특례보금자리론 41조 원과 50년 주택담보대출 7조 원(추정)이 시장에 투입돼 빚으로 떠받친 상승 회복은 주택가격 버블을 일시적으로 유지했을 뿐 그 효과가 다하고 있는 것이다.

    '2022년 통계청 주택소유통계'에 따르면 현재 국내 가구 수는 2,177.4만 가구이고, 그중에서 주택 소유 가구는 1,223.2만 가구, 무주택 가구는 954만 가구, 2주택 이상자가 315만 가구였다. 이를 보면 정부가

14.4%만을 위한 부동산 정책을 시행하고 있다는 것이 여실히 증명된다. 부동산 활성화, 아니 사실상 투기 정책을 죄의식 없이 경제 경착륙 방지라는 미명하에 무작위로 펼치고 있는 것이다.

청약제도의 기본을 무시한 '실거주 의무 폐지'라는 황당한 정책만 보아도 85.6%의 국민을 무시하는 것이 아닐 수 없다. 여기에 '유주택자 전세 대출'이라는 국어 문법에도 맞지 않는 어처구니없는 정책도 있다. 얼마나 상식과 공정에 어긋나는지 정부 당국자들도 스스로 잘 알고 있을 거라 확신한다.

물론 문재인 정부 또한 전세 대출을 방치하고 임대사업자를 위한

▶ 문재인 정부와 윤석열 정부의 다주택자 부동산 정책 비교

부동산 3법	문재인 정부(다주택자 중과)	윤석열 정부(중과 완화)
취득세	• 조정대상지역 2주택, 조정대상지역 외 3주택: 8% • 조정대상지역 3주택 이상, 조정대상지역 외 4주택 이상: 12%	• 2주택까지는 중과 폐지 • 3주택 이상 세율 50% 인하(8~12% → 4~6%) * 법안 계류로 시행 지연
종합부동산세	• 2주택 이항: 기본세율(0.6%~3.0%) • 3주택 이상: 중과세율(1.2~6.0%)	• 12억원이하 3개구간: 주택수 상관없이 기본세율(0.5~1.0%) • 12억원 초과 4개구간: 2주택 이하 기본세율(1.3~2.7%), 3주택 이상 중과세율(2.0~5.0%)
양도소득세	• 조정대상지역 2주택: 기본세율(6~45%)에 20%p 중과 • 조정대상지역 3주택 이상: 기본세율(6~45%)에 30%p 중과	• 조정대상지역 다주택 양도시 보유기간 2년 이상이면서 ▽비수도권 3억이하 주택 ▽장기임대주택 ▽상속주택 ▽일시적 2주택 등에 대해 한시적 중과 배제

세제 혜택 정책을 시행하는 등 진정으로 국민과 국가를 위한 정책을 펼치지는 못했다는 것은 부인할 수 없는 사실이다. 그럼에도 불구하고 현 정부의 다주택자에 대한 부동산 정책을 비교해 보면, 성격이 확연히 다르다는 것을 알 수 있다.

> **홍사훈 :** **일시적 2주택자의 주택 처분 기한을 3년으로 늘렸다. 이게 어떤 의미인가?**

우리나라의 자가 비율은 울산(64.2%), 경남(62.9%), 전남(61.3%) 순으로 높고, 서울(48.6%), 대전(53.0%), 제주(55.6%) 순으로 낮다. 전국적으로는 56.2%가 주택을 소유하고 있다. 60%가 넘는 곳도 꽤 있지만 서울은 50%도 안 된다. 소득을 5분위 기준으로 나눌 때 3, 4, 5분위까지는 집을 다 샀다고 봐도 무방한 것이다. 그러면 1, 2분위는 무주택자로 추정할 수 있고, 소득을 감안할 때 대출 없이 주택 구입이 가능한 가구는 없다고 볼 수 있다. 여기서 중요한 문제는 지금 같은 고물가, 고금리 상황에서는 집값이 너무 높아 시장에 진입하기가 힘들뿐더러 진입할 경우 엄청난 부채 부담에서 자유로울 수 없다는 것이다. 이런 점에서 최근 부동산 시장에 진입한 수요는 일시적 2주택자들이 상당했을 것으로 보는 게 합당하다. 아마도 '23년 주택소유통계'를 보면 올해보다 증가한 숫자로 나타날 것이다.

정부가 올해 초 내놓은 1.3 대책 중 하나인 '일시적 2주택자 양도세 비과'는 정말 좋지 않은 정책이다. 좁은 집에서 원하는 집으로 속칭 '갈아타기'를 하는 경우, 즉 일시적 2주택자를 대상으로 주택 처분 기한을 3년으로 늘렸기 때문이다. 해당 완화책이 발표된 순간, 관련 종사자들은 정부가 앞장서 부동산 시장을 투기판으로 만들고 있다고 탄식을 토할 정도였다. 일반 국민들은 단지 처분 기한이 2년에서 3년으로 늘어났다고 생각하겠지만, 여기에는 무서운 의미가 숨어 있다.

우리나라는 1주택자는 한 집에서 오래 거주할 경우, 실거주 목적이라는 판단에 양도세 과세를 하지 않는다. 2주택 이상인 다주택자인 경우, 시세 차익을 얻기 위한 투자로 간주해 양도세를 중과하고 있다. 단, 소득세법 시행령 155조(1세대 1주택 특례)에 따라 1주택자가 특별한 이유로 (이사, 상속, 결혼, 직업, 학교 등) 일시적으로 집이 2채가 된 상황이면 종전 소유 주택을 신규 주택 매입 후 3년 내에 양도할 때는 비과세 대상이 된다.

3년이란 처분 유예 기간이 투기에 어떤 의미가 있을까? 예를 들어보자. 집주인 김씨는 2019년에 A아파트를 구입하고, 별도로 1년 뒤인 2020년에 B아파트 분양권을 취득했다. 그리고 2022년에 B아파트에 입주하고, 이후 3년 내에 A아파트를 매도하면 일시적 2주택 비과세 특례가 적용돼 세금을 내지 않아도 된다. 그리고 C아파트를 매입하고 3년 내에 B아파트를 매도하면 또다시 양도세 비과세 대상이 된다. 결과적으로 아파트 3채를 사고 2채를 팔면서도 세금 한 푼 안 내는 투기공화국 부동산 정책이 자행되는 나라가 된 것이다! 3년마다 집을 사고팔며 세금도 안 내면서 마음껏 투기를 할 수 있게, 말 그대로 정부가 앞장서 부동산 시장을 투기판으로 만들어버렸으니 황당할 수밖에 없다.

또한 최근 주택 거래량도 조금씩 늘고 집값도 올라가는 모습을 보이고 있는데, 물론 그중에는 실수요자들이 올린 집값 상승분도 어느 정도는 있겠지만, 예를 들어 송파, 강남 일대에서 1월부터 지금까지 거래된 주택의 등기 비율을 보면 60%가 채 안 된다. 1월에 샀는데도 40%가 등기를 여전히 하지 않고 있는 것이다. 왜일까? 아직 다주택자 취득세 중과가 안 풀렸기 때문이다. 정부가 다주택자의 취득세 중과를 완화하겠다고 발표했는데, 현재 여야가 어느 수준까지 세금을 경감할지 합의에 이르지 못한 상황이다. 투자자 입장에서는 취득세 경감안이 확정될 때까지 기다리면 이득이기 때문에 현재 시장에 이런 모습들이 보이고 있는 것이다.

어쨌든 투기 수요를 만들어 부동산 시장 폭락을 막으면 좋은 게 아니냐고 정부의 정책에 찬성하는 이들도 있을 것이다. 그러나 안타깝게도 폭락을 막는 것은 불가능하다. 2008년 글로벌 금융위기로 부동산 가격이 30%~50% 하락하자 당시 이명박 정부는 LTV를 85%까지 완화하는 등 다양한 부동산 정책을 펼쳤다. 그러자 청약률이 몇백 대 1까지 치솟을 만큼 시장에 다시 불이 붙으며 주택가격이 전고점의 90%까지 회복을 했다. 그러나 2011년~2012년이 되자 2009년 당시 서울과 수도권에서 분양했던 물건들의 40%~60%가 마이너스 프리미엄이 붙고, 강남은 미분양 사태가 발생했다. 지금이 바로 2009년 당시의 부동산 시장 분위기와 똑 닮아 있다. 임계점을 넘어선 것이다. 결론적으로 최근 부동산 시장은 정부가 풀어준 대출로 약간의 상승세를 보였지만, 그 효과는 얼마 못 갈 것으로 보인다.

정부가 내놓은 또 하나의 심각한 개악이 바로 청약제도 개편이다. 우리나라 국민청약제도의 취지가 무엇인가? 한 가족, 한 세대가 한 집을 마련해 오순도순 살라는 것이다. 따라서 청약은 세대주만 가능했고, 지금까지 청약제도는 이 원칙을 잘 지켜왔다. 그런데 이번에 19세 이상의 세대원이면 누구나 청약이 가능하도록 제한을 풀어버렸다. 예를 들어 한 집에 네 명의 성인이 있으면 따로따로 청약을 신청해 집을 살 수 있게 된 것이다.

명분은 좋다. 분양 경기와 건설 경기를 살리기 위해 세대원까지 청약을 풀었다니 말이다. 그런데 상식적으로 생각해보자. 가처분소득이 늘고 있는가? 환율이 상승하고 물가가 올라 가계소득이 감소하고 있다. 기업 매출도 감소해 경제 전체가 불황에 빠질 수도 있는 상황이다. 그런데 하필이면 이런 상황에서 정부는 세대원까지 분양을 받을 수 있게 규제를 완화했을까? 가족이 다섯 명이면 다섯 곳을 청약해도 되는 환경이 투기판인가, 내 집 마련을 위한 제도인가? 한마디로 지금까지 이런 정부는 없었다!

그리고 청약 재당첨 제한마저 없애버렸다. 부동산업자나 투기꾼들은 정부에 엎드려 절이라도 해야 할 판이다. 만약 로얄층이 아닌 저층에 청약이 당첨됐다? 마음에 안 들면 계약 안 하고 다른 분양 현장으로 가도 상관없게 된 것이다. 이렇게 되면 청약률이 뛸 수밖에 없고, 다시 부동산 시장이 꿈틀거린다고 착시현상을 일으킬 가능성이 높다. 청약 경쟁률이 100 대 1, 200 대 1까지 높아졌다는 뉴스 보도가 나오면 어떤 기분이 들겠는가? 다시 집값이 뛸지도 모른다는 공포에 무리해서라도 대출을 받아 집을 사고 싶은 생각이 들지 않겠는가? 결국 가수요가 늘어난 것일 뿐, 청약률이 아무리 높아도 허수가 많이 발생해 실제 계약률은 낮아질 수밖에 없다. 완판되는 경우가 드물어지는 것이다.

정부의 거래 규제 완화와 대출 확대가 대체 누굴 위한 부동산 정책인지, 그 대상이 투기꾼인지 건설사인지 아니면 둘 다인지 정부 당국자들에게 묻고 싶다. 그나마 불행 중 다행으로 10월에 들어서며 정부의 실세인 F4Finance 4(기획재정부 장관, 한국은행 총재, 금융위원장, 금융감독원장)가 가계 부채 위험성에 대해 경고하며 부채를 줄이는 방향으로 정부 정책을 선회하겠다고 발표했는데, 얼마나 지켜질지 관심을 가지고 지켜봐야 한다.

결과적으로 정부의 규제 완화책들로 부동산 시장은 얼마나 버틸 수 있을까? 나는 2년 정도 예상하고 있다. 내년 말이나 내후년 초면 더는 못 버틸 것으로 전망한다. 지금까지 보지 못한 최악의 상황이 닥치지 않기만을 바랄 뿐이다.

03

전세 제도의 수명이 다했다?
전세 대출부터 끊어라!

국토교통부 장관이 전세 제도가 수명이 다했다고 밝히는 등 말들이 많다. 박근혜 정부 때도 전세 시대는 저물고 월세 시대가 올 거라며 기업형 임대주택인 뉴스테이 사업을 벌였다. 그러나 서민들의 월세 부담을 낮춰주겠다는 취지로 도입된 사업 결과는 어땠나? 정부가 저렴하게 매각한 토지에 민간 건설업자들이 아파트를 지었지만 분양가를 시세와 비슷하게 책정하는 등 많은 문제로 사업이 흐지부지되고 말았다. 이처럼 7년 전에 실패한 뉴스테이 정책을 현 정부가 다시 부활시키겠다면서 전세 제도 무용론이 튀어나오고 있다.

그러나 단언컨대 전세 제도는 우리 국민들이 찾아낸 최고의 사금융이다. 문제는 전세 제도가 아니라 전세 대출 제도에 있다. 전세값이 올라가고, 집값이 뛰는 원흉이 바로 정부가 무분별하게 올린 전세 대출 때문인 것이다.

> **홍사훈 : 전세 제도는 다른 나라에서는 찾아보기 힘든 한국 고유의 주거 형태로 알고 있다.**

조선시대에도 전세 제도에 관한 기록을 일부 찾아볼 수 있지만, 전세 제도가 본격적으로 시작된 것은 6.25 전쟁으로 전 국토가 폐허가 되면서였다. 집을 지으려면 하다못해 나무 판자라도 있어야 하고, 벽돌도 시멘트도 사야 하는데 돈이 없는 상황에서 임대인과 임차인 모두가 윈윈하는 전세 제도가 탄생한 것이다. 임차인 입장에서는 일정 금액을 임대인에게 건네면 몇 년 동안 마음 편히 거주할 공간을 마련할 수 있고, 이사를 하게 될 경우 돈을 돌려받을 수 있게 됐다. 임대인 입장에서도 임차인에게 받은 돈으로 새집을 지을 수도 있고, 다른 용도로 사용할 수도 있으니 좋을 수밖에 없었다.

전세 제도가 보편적인 임대차 방식으로 자리 잡은 때는 70년대 산업화 시기였다. 당시는 나라에 돈이 없어 수출을 담당하는 기업 외에는 개인이 은행에서 대출을 받기가 무척 어려웠다. 그 결과 집은 있는데 돈이 필요한 이들은 임차인에게 집을 전세 주고 돈을 받아 사용하는 사금융 제도가 발달하게 된 것이다. 즉, 전세 제도는 정부가 하지 못하는 일을 국민이 만들어낸 최고의 사금융이라 할 수 있다.

이처럼 좋은 전세 제도가 망가진 것은 아이러니하게도 정부의 개입 때문이었다. 2008년 이명박 정부 당시 전세난이 심해지자 서민 주거 안정이란 명목으로 전세 대출 제도를 도입해 1억 원을 대출해주기 시작했다. 결과는 어땠을까? 서민 주거 안정이란 원 취지가 무색하게 결과는 거꾸로 갔다. 집을 가진 주인들이 너도나도 집값을 올리기 시작한 것이다. 그러자 정부는 다시 대출 한도를 2억 원으로 올렸는데, 집값이 또 올랐다. 전세 대출이 2억 원이 되니까 집주인들도 따라서 2억 원을 올려 집값이 3억 원이 돼 버린 것이다. 전세 대출 한도가 올라가면 집값도 따라 올라가는 것을 우리 모두 그때 처음 알게 됐는데, 깜짝 놀란 정부는 부랴부랴 1억 원으로 대출 한도를 낮춰야 했다.

그런데 2015년 박근혜 정부에서 대출 금액을 느닷없이 3억 원으로 올려버렸다. 물론 물가 상승 압박이라는 명분은 있었지만 결국 전세 가격이 33%나 뛰는 부작용이 나타났고, 집값 역시 비례해 올라갔다. 그러면 당연히 대출 한도를 낮춰야 할 텐데 정부의 대처는 어이가 없을 정도였다. 집값이 뛰자 '빚 내서 집 사야 할 시기'라고 정부가 대놓고 이야기하며 대출 한도를 거꾸로 5억 원으로 올려버린 것이다.

그뿐이 아니었다. 한 걸음 더 나아가 유주택자 전세 대출 제도까지 출시했다. 대체 왜 주택을 가진 사람들에게도 전세 자금을 대출해주는지 의구심이 들 수밖에 없는데, 결국 이는 가계 부채를 심각하게 만드는 도화선이 되었고, 지금까지 청년과 한국 경제에 부담이 되고 있다. 실제로 전세 대출 금액이 처음 2,200억 원대에서 2019년 3,400억, 2020년 4,600억, 2021년 5,600억, 2022년은 무려 1조 1,700억 원으로 가파르게 증가하고 있다. 올해 1~4월 집계만 해도 1조 원이 넘었다. 결과적으로 국민 세금이 투입돼 전세값을 올리고 집값도 올리고 있는 것이다.

그 결과 2015년 전세 대출을 받은 임차인들이 임차 만기가 되는 2017년 다른 집으로 이사를 가기 위해 집주인에게서 돈을 돌려받아야 되는데 못 받는 보증사고가 곳곳에서 터지기 시작했다. 그리고 보증사고가 터질 때마다 국민 세금으로 집주인이 사고 친 것을 메꿔야 하는 악순환이 벌어지고 있다.

무엇보다 전세 대출 제도가 갭투자꾼들의 주머니를 불리는 데 악용되고 있는 게 심각한 문제다. 최근 몇 년 동안 집값이 폭등한 데는 갭투기의 영향이 큰데, 이 갭투기도 전세 대출 제도에서 출발한 것이다. 결국 국민들이 알아서 잘 유지하던 전세 제도를 오히려 정부가 개입해 망가뜨려 놓은 것이다!

전세 대출로 이득을 보는 이들은 전세값이 올랐으니 대출을 해줘야 한다고 말한다. 눈앞의 현실만 보면 그럴듯한 논리다. 하지만 전세 대출 때문에 오히려 전세값이 올랐다는 것은 왜 생각하지 못하는가? 빚을 내어 전세값을 맞춰주면 또다시 집값이 올라가고, 올라간 집값에 맞게 전세값이 다시 올라가는 악순환을 우리는 이미 수차례 경험한 바 있다. 이는 1,000일의 칠면조*나 마찬가지다. 정부가 국민의 주거 복지를 위한 게 아니라, 주택 가격을 떠받치기 위한 수단으로 악용되고 있다는 게 증명된 셈이다.

전세 대출 제도가 없을 때도 주거 환경이 불안한 취약계층을 위해 정부가 저금리로 자금을 지원했다. 예를 들어 보증금이 1억 원이면 3,000~4,000만 원가량 지원을 해줬다. 이때는 전혀 부동산 시장에 문제가 없었다. 지금도 처음 사회 생활을 시작하며 주거비 부담이 큰 청년층 같은 특정 취약 계층의 주거 사다리만 잘 도와주면 된다.

전세 제도를 없애는 것은 현실적으로 불가능하다. 개인의 재산권을 국가가 제한한다는 점에서 헌법에 위배될 소지도 높다. 결국 가장 시급한 것은 정부가 이제라도 전세 대출 한도를 집값의 70% 정도로 손보는 것이다. 그러면 역전세와 이로 인한 전세 사기 등의 문제는 대부분 해결될 수 있다.

정권의 입맛에 맞는 주거정책을 위해 전세 대출 제도를 다뤄서는 절대 안 된다. 정부가 국민을 호도하는 전세 대출 제도만 없애도 충분하다. 전세 제도는 전 세계에서 유일하게 정부나 공공기관의 개입 없이 개인 간의 사금융 세도로 사리잡은 최고의 세도이다. 하루 빨리 선세

---

*　1,000일의 칠면조: 나심 탈레브의 『블랙 스완』에 나오는 이야기다. 칠면조는 주인이 주는 좋은 사료에 처음에는 경계심을 품지만, 100일, 200일, 1,000일이 가까워질수록 의심이 사라지고 주인을 잘 만났다고 생각하게 된다. 그러나 1,000일째 칠면조는 믿었던 주인에게 배신당하고 맛있는 저녁 식탁에 오르게 된다. – 네이버 지식백과

대출 제도를 손질해 전세 가격 거품을 없애고, 더 이상 전세 사기 피해로 젊은이들이 극단적인 선택을 하는 슬픈 일이 사라지기를 간절히 바란다.

04

순살 아파트, 한국 건설업의
부끄러운 민낯

올해 4월 검단 신도시 아파트 건설 현장에서 주차장이 붕괴되는 사고가 벌어졌다. 전 국민의 불안감에 무량판 구조를 적용한 전국 LH 아파트 단지의 지하주차장을 전수 조사한 결과 102개 단지 중 20개 단지에서 철근 누락이 사실로 드러났다. 자칫 대형 붕괴 사고가 벌어질 수 있었던 한국 건설산업의 부끄러운 민낯이 드러난 것이다.

> **홍사훈 : 순살 아파트 문제로 시끄럽다. 무량판 구조에서 철근이 빠진 채 시공됐다는데, 무량판 구조가 무엇인가?**

현재 우리나라에서 건설사들이 아파트를 지을 때는 크게 3가지 공

▶ 아파트 바닥 구조 분류

법을 적용한다. 그중에서 가장 저렴한 공법이 '벽식 구조'로 80년대 들어 정부의 신도시 계획으로 건설사들이 아파트를 대량으로 찍어내면서 대세가 된 공법이다. 건설사 입장에서는 층고를 낮게 잡을 수 있어 건축비 절감으로 이익을 더 많이 남길 수 있다는 장점이 있다. 그러나 내력벽 때문에 구조 변경도 어렵고, 특히 위층의 바닥 소음이 벽을 타고 그대로 전달돼 층간 소음 문제를 일으키기 쉽다는 단점이 명확하다.

'라멘 구조(라멘조)'는 기둥식 구조를 말한다. 수직으로 세워진 기둥과 수평으로 설치된 보가 천장의 하중을 받치는 구조로, 벽들이 내력벽이 아니라 리모델링이 쉽고, 층간 소음 문제도 가장 적다. 그러나 보가 들어가기 때문에 층고를 높이 지을 수밖에 없어, 건설사 입장에서는 건축비 상승 때문에 그리 좋아하는 공법은 아니다.

최근 건설업계에서 아파트 공사에 가장 선호하는 구조가 무량판 구조다. 간단히 설명하면 라멘식 구조에서 보를 빼버린 것이다. 무량판 구조는 벽식 구조보다 층간 소음 문제도 줄고, 라멘조보다 비용도 절감되는 장점이 많은 최신 공법이다. 기억하기로 박근혜 정부 때 무량판 공법이 처음 시작됐는데, 장점이 많지만 보가 없이 기둥만으로 하중을 견뎌야 하니 안전성이 보다 중요시된다. 따라서 기둥에 기존보다 철근을 더 넣어 튼튼히 보강해야 한다. 대들보가 못 하는 역할까지 기둥이 잡아줘야 하기 때문이다. 실제로 선진국들은 무량판 구조의 위험성을 줄이기 위해 보강 철근을 무척 중시하는데, 우리나라에서는 기둥에 보강해야할 철근을 빼먹는, 말 그대로 날림 공사가 벌어진 것이다. 뿐만 아니라 감리가 제대로 이뤄졌다면 철근 빼먹는 것을 이미 알았을 텐데 감리마저 눈을 감은 것으로 드러났다.

홍사훈 : LH는 공공분양으로 시행만 하고 시공은 일반 건설사들이 했는데, 왜 감리가 설계대로 시공되는지 감시를 못 한 것인가?

현재 문제가 된 사업장의 설계감리회사를 보면 LH 출신 인사들이 대거 포진해 있다. 이들 모두는 몇십 년 동안 관련 업무를 담당하다가 퇴직한 전문가들이다. 그런데 왜 이렇게 감리를 못 할까? 그들이 능력이 없어서일까? 문제는 다른 곳에 있다. 내가 감리 전문가는 아니지만 이 업종에 오래 있다 보니 들은 얘기가 많은데, 안타깝게도 현장에서는 감리를 너무 잘하면 감리에서 잘린다는 말이 정설처럼 나돈다. 감리를 잘하면 다음 감리 계약이 힘들어지는 황당한 일이 건설업계에서 공공연하게 벌어지고 있는 것이다. 즉, 설계대로 시공이 되지 않는 점을 눈치채도 눈을 감고 있는 것이다.

왜 이런 부정이 발생할까? 이득을 취할 수만 있다면 불법적인 일에도 눈을 감는 모럴 해저드가 만연해 있기 때문이다. 조금이라도 더 이익을 남기기 위해 뭉친 패거리, 즉 카르텔이 존재하는 것이다. 게다가 불법을 저지르다가 들켜도 죄가 약하니 서슴없이 다시 불법을 저지른다. 대다수의 관련 종사자들은 지금도 현장에서 열심히 뛰고 있지만, 일부 이익만 따지는 세력이 우리나라의 건설업에 먹물을 튀기고 있는 것이다. 얼마 전 외국에서 30년을 감리업에 종사하다가 퇴직한 분의 한탄을 들은 적이 있다. 세상에 국민들의 생명은 안중에도 없는 이런 나라가 어디 있냐고, 건설현장을 가면 상식적으로 이해할 수 없는 이들이 빈번하게 이뤄지고 있다는 것이다.

결국 이번 사태는 정부의 책임일 수밖에 없다. 정부가 설계, 시공, 감리 부분에 대해서 권한과 의무를 줄 때 과연 누가 감리를 잘할까? 땅을 파고, 바닥을 다지고, 골조를 세우는 등 건물 한 채를 지을 때는 제각각 전문 기술력이 요구된다. 그런데 박근혜 정부 때 직무평가제도가 바뀌며 건축사가 감리를 맡게 되고, 수석감리사 자격이 바뀌었다. 각 공정 분야별로 해당 기술사들이 체크를 해야 정상인데, 건축사가 수석 감리사가 되고, 기술사들이 감리원으로 따라오는 형태가 되는 이상한 형태가 되어버린 것이다.

이번에 LH의 공공분양 아파트가 무너지며 전국민의 분노를 샀지만, 시공은 일반 건설사들이 하고 LH는 시행을 한 것뿐이다. 그럼에도 LH가 만든 아파트에 들어가면 위험하다는 인식이 퍼져버렸는데, 여기서 한 가지 의문이 들 수밖에 없다. 그럼 민간분양 아파트는 괜찮을까?

LH보다 오히려 더 허술할 가능성이 높지 않을까 의심이 들 수밖에 없다. 실제로 얼마 전 한 민간분양 아파트 현장에서 폭우가 쏟아지는데도 콘크리트를 타설하는 장면이 카메라에 찍혀 논란이 되기도 했다. 과연 외압에서 자유로을 수 있는 힘을 가진 감리회사였다면 이런 황당한 일이 가능했을까?

감리는 건설 현장에서 무엇이 잘못됐는지 지적할 권한을 갖는 만큼 막중한 의무가 있는 자리다. 따라서 외압에서 자유롭지 못한 현재의 감리회사 선정으로는 문제가 계속될 수밖에 없다.

홍사훈 : 감리회사 선정을 추첨제로 하는 것으로 알고 있는데, 이유가 무엇인가?

추첨제로 하는 이유는 평소 연관이 있는 회사가 감리 업무를 맡는 것을 배제하기 위한 목적이다. 예를 들어 빵을 만들 때 분명히 100개가 나올 물량을 투입했는데 로스가 나서 80개가 나오는 경우, 친분이 있는 경우에는 제대로 클레임을 걸기 힘들 가능성이 높기 때문이다.

그리고 우리나라의 공공분양과 민간분양의 감리 체계는 약간 다르다. 우선 공공분양은 설계와 감리를 같은 회사가 진행하는 경우가 많다. 설계와 감리업체 선정은 설계감리 심사위원회에서 심의하고 LH의 전관들이 영업 임원으로 재직하는 회사가 로비를 벌여 주로 사업을 따내게 된다. 지난 2020년 말 기준 이런 업체가 53곳에 달하는 것으로 알고 있다. 자기들끼리 알아서 잘 해먹고 있다는 뜻이다.

LH가 책정한 감리비가 굉장히 낮게 책정된다는 것도 문제다. 제대로 감리를 볼 능력 있는 수석 감리사를 세우려면 인건비가 비쌀 수밖에 없는데, 현실적으로 낮은 감리비책정 때문에 우수한 감리를 기대할 수 없는 것이다. 결국 서류상으로 이름만 올리고 실제로는 자격이 부족한 인력이 현장에서 감리를 진행하는 일이 벌어지게 된다.

더 큰 문제는 민간분양이다. 민간분양 아파트는 사업장 관할 구청에서 감리회사를 선정해 공사가 제대로 되는지 잘 감시해줄 것을 명한다. 문제는 감리가 돈을 받는 곳은 시행사이고, 시행사는 감리사에게 줄 돈을 시공사인 건설사에게 빌려온다는 것이다! 이러니 감리는 시행사, 시공사 양측의 눈치를 안 볼 수가 없다. 감리가 교과서대로 똑바로 감리를 할수록 공기가 늘어 공사비가 뛰기 때문이다. 시방서대로 안 해도 건물 무너질 일 없으니 걱정하지 않아도 된다고 감리를 설득하고, 감리는 힘이 없기에 울며 겨자 먹기로 따를 수밖에 없다.

반면, 선진국 같은 경우는 전문적인 감리회사의 권한이 막강하다. 무엇보다 감리회사의 임금 체계 같은 부분들을 국가에서 총괄적으로 관리하고 있다. 감리회사가 시행사나 시공사의 외압을 받을 일이 전혀 없는 것이다. 이처럼 국가가 가이드를 딱 정해 놨기 때문에 감리가 공사 중지를 외치면 무조건 공사를 중지하는 수밖에 없다.

우리나라는 현재 관련 협회 두 곳에서 업무를 총괄하고 있는데, 설계감리회사는 많아도 감리만 전문으로 회사는 손가락으로 꼽을 만큼 적다. 그만큼 전문적인 인력 양성도 관리도 쉽지 않다. 특히 감리제도를 만드는 과정에 설계사, 건축사가 주도하다 보니 이들의 이익에 부합되게 제도가 만들어질 수밖에 없었고, 제대로 권리를 보장받지도 못하게 됐다. 감리 자체가 힘을 못 쓰는 구조적인 문제가 있는 것이다.

결국 답은 명확하다. 해외 선진국처럼 정부가 독립성과 임금 체계를 확실히 보장한다면 감리는 자신의 역할에 충실할 수 있다. 그러면 누이 좋고 매부 좋게 서로서로 이익을 나눠먹는 카르텔이니 뭐니 하는 문제가 말끔하게 해결될 수 있다. 시공이 잘못되고 있다고 지적하는 순간, 공사는 중지되는 것이다.

정권의 차원을 떠나 감리제도가 변하지 않는 한 이번 같은 일들은 반복될 것이다. 국민의 소중한 생명이 걸린 만큼 콘크리트를 들이부어 숨기지 말고 감리제도에 대한 설계부터 다시 짜야 할 때다.

> **홍사훈 :** **마지막 질문이다. 최근 주택시장의 변동성이 무척 크다. 24년과 향후 주택시장은 어떻게 전개되고, 시장 참여자들은 어떻게 대처하는 것이 좋겠는가?**

2022년 하반기부터 연말까지 대한민국 부동산 시장은 역대 최단

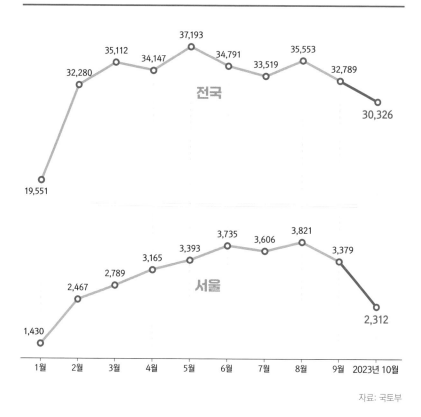

자료: 국토부

기간 최대 폭락을 보였다. 그러나 2023년에 들어서면서 정부가 1.3 대책과 함께 건설사의 PF 부실 방지 대책과 특례보금자리론, 50년 주택담보대출 정책을 시행한 결과 2022년 역대 최고점 대비(2021년 9월~2022년 3월) 30~40%가까이 하락했던 주택가격을 80~90%까지 회복시켰다. 그러나 이는 GDP 대비 가계 부채가 100%를 넘어서는 최악의 결과를 불러왔다.

현재 국내 부동산 시장의 각종 지표는 전형적인 민스키 모먼트, 즉 더블 딥 시기에 돌입하는 양상을 보이고 있다. 그럼에도 20~30대 젊은 이들 중 상당수가 무분별한 상승 기대 심리로 영끌 대출을 받아 주택을 구매하고 있는데, 이는 '더 큰 바보 이론(the greater fool theory)'*을 떠올리게 한다.

현재 부동산 시장 상황은 거래량은 감소하고 매물은 증가하는 전형적인 일시적 반등, 즉 향후 큰 폭의 조정이 오기 전의 모습을 보이고 있다. 현재 서울 아파트 시장을 분석하면 역대 최대 매매 물량과 역대 최저 수준의 거래량이 동시에 나타나고 있다. 11월 아파트 매매 물량이 8만 건을 초과했는데, 이는 서울의 연 적정 입주 물량의 2년 치에 달하는 물량이다. 여기에 더해 입주 물량이 향후 2년간 9만 호에 달한다. 반면 시장의 매수 여력을 나타내는 매수심리지수는 30이라는 아주 낮은 수치를 나타내고 있다. 지수가 100일 때 매수·매도가 균형을 이루는 것으로 보는데, 30이면 매수 의사를 가진 사람이 거의 없다는 뜻이다.

역전세난 역시 문제다. 이를 막기 위해 정부가 전세 보증금 반환 대출 정책까지 시행하고 있지만 역전세는 여전히 진행 중이다. 주인이 전세 보증금을 못 돌려줄 때 임차인은 경매를 통한 보증금 회수 방안으로 임차권 등기를 하게 된다. 2022년 상반기 서울의 임차권 등기 건수는 월 200~300건에 불과했으나 2023년 7월 2,000건 이후 매달 1,500~1,600

---

* 　더 큰 바보 이론: 부동산이나 주식이 비정상적으로 올라도 계속 사들이는 투자 심리를 설명하는 말이다. 투자자들이 나보다 더 비싼 값에 자산을 사려는 '더 큰 바보'가 나올 것이라고 믿는다는 것이다. – 네이버 지식백과

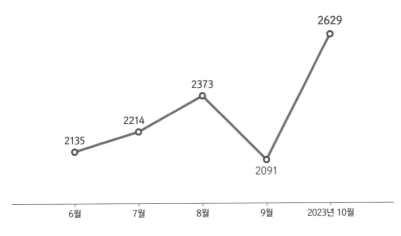

▶ 전국 아파트 경매 진행 건수   (단위: 건)

자료: 지지옥선

건의 임차권 등기가 진행되고 있다. 1년 4개월 전보다 8배에서 10배로 임차권 등기가 증가하고 있는 것이다. 따라서 최근 언론의 일부 아파트 단지 전세 가격 상승 뉴스는 가짜뉴스로 보아도 무방하다. 일부 단지의 전세 가격 상승을 서울 전체로 일반화시키는 왜곡 보도인 것이다. 전세 가격이 계속 오른다면 전세금을 못 돌려줘 발생하는 임차권 등기가 대폭 감소하거나 거의 없어야 정상이다. 이러한 역전세는 24년 상반기까지 계속 진행될 것이고, 따라서 경매 물건은 증가할 수밖에 없다.

향후 시장의 선행지표인 경매지표를 보자. 경매를 통해 낙찰받는 이는 미래에 주택 가격이 상승할 것으로 예측되면 경매 감정가격의 100%를 넘는 가격으로 낙찰을 받는 게 정설이다. 실제 2021년 호황기 시절 서울 아파트의 낙찰가율은 120%에 달했다. 감정가가 5억 원이면 6억 원에 낙찰되는 시기였다. 그러나 23년 10월의 낙찰가율은 80%대에 불과하고, 낙찰률은 30%에도 못 미친다. 5억 원이 시세면 4억 원에 낙찰되고 있는 것이다. 여기에 70%가 주인을 못 찾고 유찰되고 있으며 경매 물건 수는 7년 만에 최대치를 기록하는 등 모든 부동산 관련 지표들이 시장 하락을 나타내고 있다.

결론적으로 2024년 시장은 상반기 '신생아 대출'로 일시적 반등 후 하반기부터 본격적인 재하락 조정이 진행될 가능성이 높다. 시장참여자들은 무주택, 유주택, 다주택자 상관없이 보수적이고 안정적으로 시장에 대처하는 자세가 합리적이다. 투기화가 심각한 부동산 시장이 지속적으로 유지되기 위해서는 이를 받쳐주는 수요가 계속 존재해야 하는데, 향후 몇 년간은 높은 주택가격을 받쳐줄 더 큰 바보는 없거나 제한적일 수밖에 없다. 따라서 이제 다음 경제 사이클에 대비해 거시적 관점으로 시장에 대처해야 한다. 특히 미국에서 경기 침체가 발생할 경우, 한국에 미칠 영향을 대비하고 부동산 시장을 바라보아야 한다.

향후 한국 부동산 시장은 경제 펀더멘털, 인구 감소 추이, 소득 상황, 주택가격 수준을 볼 때 10년 내(빠르면 2~3년) 진폭과 강도는 다소 다르겠지만 일본 부동산 시장의 길을 따라가는 모습일 가능성이 매우 높다. 그 과정에서 연착륙의 모습을 보일 때, 국가 경제와 가계, 기업 등의 경제 주체에 부담이 적을 텐데 경착륙에 대한 시나리오도 대비하는 게 현명한 대처 방안일 것이다.

특히 정부는 주택가격이 안정적일 때 미래가 있음을 각성하고 더 이상 인위적 부양책은 자제해야 한다. 무엇보다 전 정부에서 조성한 공공택지를 최대한 신속하게 이용해 주택 공급 확대를 해야 한다. 안정적인 주택 공급을 통해 과도한 투기 심리를 잠재울 수 있어야 이 땅의 청년들이 희망을 가질 수 있고 국가의 미래를 말할 수 있을 것이다.

마치며

"2021년 2월 8일 '홍사훈의 경제쇼' 첫 방송을 시작했습니다. 단언컨대 지난 2년 8개월은 제게 화양연화의 시기였습니다. 경제에 대해 아는게 별로 없었던 제가 경제쇼를 진행해보겠다고 덤빈 그때 제 자신의 '용기'에 스스로 감사하고 있습니다. 지금의 언론에도 무엇보다 가장 필요한건 이런 '용기'가 아닐까 싶습니다.

무지막지했던 1980년대 군사 독재를 한국 사회와 한국 경제가 견디고 이겨낼 수 있었던 것도 따지고 보면 몇몇 언론들의 그 말할 수 있는 '용기'가 있었기 때문이라고 저는 믿고 있습니다. 의혹이 있으면 취재하고 확인이 되면 보도하라, 저는 그렇게 배웠습니다. KBS뿐만 아니라 대한민국의 모든 언론인들이 한국 사회, 한국 경제를 위해 더 큰 '용기'를 가져주길 희망하겠습니다. 경제와 정의를 다 잡아보려 했는데 결과적으로 잡지 못하고 이제 저는 내려갑니다.

지금까지 경제와 정의를 다 잡아보려 했던 홍반장, KBS 기자 홍사훈이었습니다."

2023년 11월 3일 KBS 1라디오 '홍사훈의 경제쇼'의 마지막 방송 클로징 멘트였습니다.

한국은 2024년 4월 총선이 치러지고, 미국은 11월에 대선이 있습니다. 정치의 시간이 돌아온 만큼 경제가 정치에 휘둘릴 가능성이 보다 높아지고 있습니다. 이미 '메가 서울'과 '공매도 금지' 같은 정치색이 짙은 경제 정책들이 나오고 있는 것을 보면, 앞으로 표를 위해 얼마나 더 많은 황당한 경제 정책들이 쏟아질지 우려를 금할 수가 없습니다. 선거를 앞두고 정치가 경제의 발목을 잡는 건 어쩔 수 없다 하더라도 뒷목을 잡아채서 아예 자빠뜨리게 놔둬서는 안됩니다.

'경제와 정의' 상반된 둘을 다 잡아보겠다는 건 애초에 불가능한 일이었는지도 모르겠습니다. 민주주의와 자본주의는 이미 이별한 지 오래인데 민주적인 자본주의가 어떻게 가능하냐고, 정의로운 경제가 현실적으로 가능한 얘기냐고 말들 하지만… 그래도 언론은 민주적인 자본주의, 정의로운 경제를 얘기해야 합니다.

3년 가까이 '홍사훈의 경제쇼'를 진행하면서 매일 한 시간씩 일종의 경제 과외 수업을 받다 보니 경제를 이해하는 눈이 트이며 한 가지 뼈저리게 깨달은 게 있습니다. 한국의 자본시장에 대한 법률과 제도는 철저하게 기득권 세력의 이익에 맞춰져 있다는 것입니다. 철저하게 대주주의 이익에 부합하는 쪼개기 상장과 물적 기업분할 제도를 왜 손보려 하지 않는지, 공매도는 왜 전산화되지 않고 지금도 일일이 수작업으로 이뤄지는지, 놀라운 일이 한두 가지가 아니었습니다. 전산화를 못하는 것일까? 안 하는 것일까? 무차입 공매도 같은 기관들의 불법이 사라지지 않는 이유가 이런 투명하지 못한 시스템 때문이라는 사실에 어처구니없었습니다. 공매도를 금지시킬 게 아니라 이런 불법을 근절시켜 공매도의 본래 취지를 살리게 해주는 것이 국가가 할 일 아니겠습니까! 대기업에 철저하게 유리한 각종 조세 특례제도 역시 말할 것도 없습니다.

왜 이런 전근대적인 제도를 바꾸려 하지 않는지, 나야 무지해서 몰랐다 치고 수많은 경제 전문가와 경제 전문 언론인은 왜 문제 삼지 않는지, 공부한 뒤에야 알게 됐습니다. 서민과 개인들의 피를 빨아먹는 진짜 카르텔은 자본시장 내에 숨어 있다는 것을! 국민들이 경제가 어떻게 돌아가는지 눈 똑바로 뜨고 관심을 가져야 하는 이유가 이 때문입니다.

'홍사훈의 경제쇼'는 끝났지만 저는 앞으로도 경제와 정의를 잡기 위해 계속 뛰려고 합니다. 클로징 멘트에서 언급했듯이 지금의 언론에 가장 필요하고 중요한 건 무엇보다도 말할 수 있는 '용기'가 아닌가 싶습니다. 그래서 앞으로도 계속 말하려 합니다. 돈이 된다는 데 주가 조작이면 어떻고 부동산 투기 좀 하면 어떠냐는 이런 지랄 맞은 세상을 우리 아들내미 딸내미 살아갈 세상에까지 물려줄 수야 없지 않겠습니까! ■

한국 경제 긴급 진단

초판 1쇄 인쇄 2023년 12월 10일
초판 1쇄 발행 2023년 12월 16일

지은이 | 안유화, 오태민, 김영익, 최배근, 빈센트, 한문도, 홍사훈
펴낸이 | 권기대
펴낸곳 | ㈜베가북스

주소　　| (07261) 서울특별시 영등포구 양산로17길 12, 후민타워 6-7층
대표전화 | 02)322-7241 팩스 | 02)322-7242
출판등록 | 2021년 6월 18일 제2021-000108호
홈페이지 | www.vegabooks.co.kr　**이메일** | into@vegabooks.co.kr
ISBN 979-11-92488-57-8 (03320)